小古文 8

人物传记

杜志建◎主编

汕頭大學出版社

图书在版编目（CIP）数据

小古文．8／杜志建主编．-- 汕头：汕头大学出版社，2022.3

（疯狂阅读）

ISBN 978-7-5658-4614-4

Ⅰ．①小… Ⅱ．①杜… Ⅲ．①文言文－阅读教学－中学－教学参考资料 Ⅳ．① G634.333

中国版本图书馆 CIP 数据核字 (2022) 第 024660 号

小古文．8　　XIAOGUWEN. 8

主　　编：杜志建

责任编辑：汪艳蕾

责任技编：黄东生

策　　划：李　佳

封面设计：王媚设计工作室

版面设计：力源文化

出版发行：汕头大学出版社

广东省汕头市大学路 243 号汕头大学校园内　邮政编码：515063

电　　话：0754-82904613

印　　刷：洛阳和众印刷有限公司

开　　本：890mm × 1240mm　1/32

印　　张：8

字　　数：218 千字

版　　次：2022 年 3 月第 1 版

印　　次：2022 年 3 月第 1 次印刷

定　　价：29.00 元

ISBN 978-7-5658-4614-4

目录

壹 治国·断案

贰 爱国·战争

叁

教育·劝谏

肆

品性·情义

目录

伍 勤学·才智

壹

治国·断案

苛政猛于虎(孔子)

《礼记》

孔子过泰山侧,有妇人哭于墓者而哀。夫子式[1]而听之,使子路问之曰:“子之哭也,壹[2]似重有忧者。”而曰:“然。昔者吾舅[3]死于虎,吾夫又死焉,今吾子又死焉。”夫子曰:“何为不去也?”曰:“无苛政。”夫子曰:“小子识[4]之,苛政猛于虎也。”

---

① 式:同“轼”,车前的横木。

② 壹(yī):确实。

③ 舅:指丈夫的父亲。

④ 识(zhì):记住。

译文

孔子路过泰山旁边，有一个妇人在坟墓前哭得很悲伤。孔子扶着车前的横木听那妇人的哭声，派子路前去询问，说：“听您的哭声，真像有很深重的忧伤。”妇人说：“是的。从前我公公被老虎咬死了，后来我丈夫也被老虎咬死了，现在，我儿子又被老虎咬死了。”孔子说：“为什么不离开这里呢？”妇人说：“这里没有苛暴的政令。”孔子对弟子说：“你们记住，苛暴的政令比老虎还凶恶啊！”

羊皮换相（百里奚）

《吕氏春秋·孝行览·慎人》

百里奚之未遇时也，亡虢[1]（guó）而虏晋，饭牛于秦，传鬻[2]以五羊之皮。公孙枝得而说[3]之，献诸缪[4]公，三日，请属事焉。缪公曰："买之五羊之皮而属事焉，无乃为天下笑乎？"公孙枝对曰："信贤而任之，君之明也；让贤而下之，臣之忠也。君为明君，臣为忠臣。彼信贤，境内将服，敌国且畏，夫谁暇笑哉？"缪公遂用之。

---

① 亡虢（guó）：当为"亡虞"，指从虞国逃亡。

② 传鬻（yù）：转卖。

③ 说：同"悦"。

④ 缪（mù）：同"穆"。

译文

百里奚没有遇到好时机的时候，从虞国逃亡，被晋人俘虏，后来在秦国喂牛，以五张羊皮的价格被转卖。公孙枝得到百里奚后很欣赏他，把他推荐给秦穆公，过了三天，请求秦穆公把国事托付给百里奚。秦穆公说：“买他只花了五张羊皮，却把国事托付给他，恐怕天下人会耻笑吧？”公孙枝回答说：“信任贤人而任用他，这是您为君的英明；让位给贤人而甘居其下，这是我为臣的忠诚。君主是英明的君主，臣子是忠诚的臣子。他确实贤德的话，国内都将顺服，敌国也将畏惧，谁还有空闲耻笑呢？”秦穆公于是重用百里奚。

子产不毁乡校[1]

《左传·襄公三十一年》

郑人游于乡校，以论执政。然明谓子产曰："毁乡校，何如？"子产曰："何为？夫人朝夕退而游焉，以议执政之善否[2]。其所善者，吾则行之；其所恶者，吾则改之，是吾师也。若之何毁之？我闻忠善以损[3]怨，不闻作威以防怨。岂不遽[4]止？然犹防川：大决所犯，伤人必多，吾不克[5]救也；不如小

① 乡校：古代时乡间的公共场所，既是学校，也是乡人聚会议事的地方。
② 善否：好坏。
③ 损：减少。
④ 遽（jù）：迅速。
⑤ 克：能够。

决使道[6]，不如吾闻而药之也。”然明曰：“蔑也今而后知吾子之信可事[7]也。小人实不才，若果行此，其郑国实赖之，岂唯二三臣？”

仲尼闻是语也，曰：“以是观之，人谓子产不仁，吾不信也。”

⑥ 道：同“导”，疏通，引导。

⑦ 可事：可以成事。

译文

郑国人休闲时就到乡校相聚,在那里议论执政者施政措施的好坏。郑国大夫然明对子产说:“把乡校毁掉,怎么样?”子产说:“为什么呢?人们早晚休息时来到那里聚一下,议论一下施政措施的好坏。他们认为好的,我就实施;他们认为不好的,我就改正,他们实际上是我的老师。为什么要毁掉乡校呢?我听说尽力做好事可以减少怨恨,没听说过用强硬手段可以防止怨恨。用强硬手段难道不能很快制止这些议论吗?然而那样做就像预防河水决口一样:河水大规

模决堤造成的损害，伤害的人必然很多，我是不能挽救的；不如开个小口疏通，不如我听取这些议论后把它当作治病的良药。”然明说：“我从现在起才知道您确实可以成大事。我确实没有才能，如果真按您的想法去做，郑国就有了可靠的保障，岂止是有利于我们这些臣子？”

孔子后来听说了子产那番话，说：“从这些话来看，人们说子产不仁，我是不信的。”

齐威王行赏罚

《资治通鉴·周纪》

齐威王召即墨大夫，语之曰："自子之居即墨也，毁言日至[①]。然吾使人视即墨，田野辟[②]，人民给[③]，官无事，东方以宁：是子不事吾左右以求助也！"封之万家。召阿大夫，语之曰："自子守阿，誉言日至。吾使人视阿，田野不辟，人民贫馁[④]。昔日赵攻鄄（juàn），子不救；卫取薛陵，子不知：是子厚币事吾左右以求誉也！"是日，烹阿大夫及左右尝誉者。于是群臣耸惧，莫敢饰诈，务尽其情，齐国大治，强于天下。

---

① 日至：每天传来。
② 辟：开垦。
③ 给（jǐ）：足。
④ 馁（něi）：饥饿。

译文

齐威王召见即墨大夫，对他说：“自从你去即墨任职以后，毁谤你的话天天传来。但是我派人到即墨视察，看到田野都已开垦，人民富足，官府里没有积压不办的事情，国家东部因而很安宁。可见你是从不贿赂我身边的人来求他们为你帮忙的！”于是封给即墨大夫一万户的食邑。接着又召见阿大夫，对他说：“自从你主管阿邑，赞扬你的话天天传来。但我派人到阿邑视察，田野没有开垦，人民受穷挨饿。以前赵国攻打鄄城，你不去援救；卫国攻取薛陵，你全然不知。可见你是用大量钱财贿赂了我身边的人求他们为你说好话的！”这一天，齐威王煮死了阿大夫和身边曾经称赞过阿大夫的人。于是大臣们都十分害怕，以后都不敢弄虚作假，工作务必求实，齐国因此大治，比其他诸侯国都富强。

龚遂为渤海太守

《汉书·循吏列传第五十九》

宣帝即位，久之，渤海左右郡岁饥，盗贼并起，二千石[1]不能禽制[2]。上选能治者，丞相御史举遂可用，上以为渤海太守。

至渤海界，郡闻新太守至，发兵以迎，遂皆遣还，移书敕属县："悉罢逐捕盗贼吏，诸持锄钩[3]田器者皆为良民，吏无得问，持兵者乃为盗贼。"遂单车独行至府，郡中翕然[4]，盗贼亦皆罢。渤海又多劫略相随，闻遂教令，即时解散，弃其兵弩而

① 二千石：指官俸每月为两千石的官吏，一般代称太守。
② 禽制：制服。
③ 钩：指镰刀。
④ 翕（xī）然：安定的样子。

持钩锄。盗贼于是悉平，民安土乐业。遂乃开仓廪假[5]贫民，选用良吏，尉安牧养焉。

遂见齐俗奢侈，好末技[6]，不田作，乃躬率以俭约，劝民务农桑，令口种一树榆、百本薤[7]、五十本葱、一畦韭，家二母彘[8]、五鸡。民有带持刀剑者，使卖剑买牛，卖刀买犊，曰："何为带牛佩犊！"春夏不得不趋田亩，秋冬课[9]收敛，益蓄果实菱芡。劳来循行，郡中皆有畜积，吏民皆富实。狱讼止息。

---

⑤ 假：给予。

⑥ 末技：指工商业。

⑦ 薤（xiè）：一种多年生草本植物。

⑧ 彘（zhì）：猪。

⑨ 课：督促。

译文

汉宣帝即帝位，许久后，渤海附近郡县年景歉收闹饥荒，盗贼也随之起来作乱，太守制服不了他们。宣帝想要选一位能治理渤海的人，丞相和御史大夫都推荐龚遂，认为他可担当此任，宣帝就任命他做渤海太守。

龚遂到达渤海边界，郡府听说新太守到了，派出军队前往迎接，龚遂叫军队全都回去，发出公文命令所属各地县衙：“把所有追捕盗贼的官吏一律撤回，凡是拿锄头镰刀等

农具的人全部算良民，官吏不得追究，只有拿兵器的人才算盗贼。”然后龚遂单独一人驱车来到郡府，全郡安定下来，盗贼也都罢手。渤海还有不少结伙打劫和拦路抢劫的人，听了龚遂的法令，也都立即解散，扔掉兵器拿起了镰锄。盗贼因此全部平息，百姓得以安居乐业。龚遂于是开仓赈灾，发粮给贫民，选用清廉的官吏，安抚治理百姓。

龚遂见齐地风俗好挥霍享受，喜欢从事工商业，不喜耕作，于是亲自带头节俭，鼓励百姓务农种桑，叫每人种一棵榆树、百棵薤草、五十根葱、一畦韭菜，每家养两只母猪、五只鸡。如果发现百姓有带刀佩剑的，就要他们卖剑买牛，卖刀买犊，说：“为什么把牛和犊带在身上？”春夏两季必须要到田野耕作，到了秋冬就督促他们收割，还让家家户户多储存果实、菱角、芡实之类。由于龚遂的巡视劝勉，郡中人都有积蓄，官吏和百姓都殷实富足。诉讼案件也没有了。

崔篆平反

《后汉书·列传第四十二》

所至之县,狱犴[1]填满。篆垂涕曰:“嗟乎!刑罚不中[2],乃陷人于阱(jǐng)。此皆何罪,而至于是!”遂平理,所出二千余人。掾吏[3]叩头谏曰:“朝廷初政,州牧峻刻。宥[4]过申枉,诚仁者之心;然独为君子,将有悔乎!”篆曰:“邾文公[5]不以一人易其身,君子谓之知命。如杀一大尹赎二千人,盖所愿也。”遂称疾去。

---

① 犴(àn):古代乡亭一级的牢狱。

② 中:符合,适合。

③ 掾(yuàn)吏:官府中辅助官吏的通称。

④ 宥(yòu):宽恕。

⑤ 邾(zhū)文公:邾文公曾要迁都绎(yì)城,但占卜后得知迁都对邾文公不利,而对百姓有利。邾文公没有改变决定,仍然坚持迁都,为民谋利。所以,后世君子都歌颂邾文公为民献身的精神。

译文

崔篆巡行所到的县，牢狱都关满了犯人。崔篆流着泪说："唉！刑罚不适当，便会使人落入陷阱。这些人都犯了什么罪，要关在这里！"于是他秉公处理，释放了两千多人。掾吏叩头劝谏说："朝廷刚刚执政，州郡法律严格。宽恕过失申冤矫枉，的确是仁者之心；然而单独做君子，将会后悔的！"崔篆说："邾文公不因自己一人而改变其决定，君子说那就是知天命。如果杀掉我这样一个大尹就能赎出两千人，我心甘情愿。"于是他称病辞官。

董宣不认罪

《后汉书·酷吏列传第六十七》

后特征为洛阳令。时湖阳公主[①]苍头[②]白日杀人，因匿主家，吏不能得。及主出行，而以奴骖乘[③]。宣于夏门亭候之，乃驻车扣马，以刀画地，大言数主之失[④]，叱奴下车，因格杀之。主即还宫诉帝，帝大怒，召宣，欲箠杀之。宣叩头曰："愿乞一言而死。"帝曰："欲何言？"宣曰："陛下圣德中兴，而纵奴杀良人，将何以理天下乎？臣不须箠，请得自杀！"

---

① 湖阳公主：汉光武帝刘秀的姐姐。

② 苍头：奴仆。

③ 骖（cān）乘：陪同乘车。

④ 失：过失，过错。

即以头击楹[5]，流血被面。帝令小黄门[6]持之，使宣叩头谢主，宣不从，强使顿之，宣两手据[7]地，终不肯俯。主曰："文叔为白衣时，臧亡匿死，吏不敢至门。今为天子，威不能行一令乎？"帝笑曰："天子不与白衣同。"因敕强项令出。赐钱三十万，宣悉以班[8]诸吏。由是搏击豪强，莫不震栗。京师号为"卧虎"。

---

⑤ 楹(yíng)：厅堂前部的柱子。
⑥ 小黄门：官名。宦者充任。职掌侍奉左右，关通内外。
⑦ 据：按，撑。
⑧ 班：分赐。

译文

后来朝廷特征召董宣为洛阳的县令。当时湖阳公主的奴仆在大白天杀人，因为躲在公主家中，官吏没法捉拿他。等到公主外出时，却让这个奴仆陪同乘车。董宣在夏门亭等候，公主一到，董宣就拦住车子，上前扣住了马缰绳，用刀划着地，大声数落公主的过失，呵责那个奴仆下车，随即将他打死。公主立刻回到宫中告诉皇帝，皇帝大怒，召来董宣，准备用杖刑处死他。董宣叩头说："请让我说一句话再死。"皇帝说："你想说什么？"董宣说："陛下圣明高德，使汉中兴，现在却放纵奴仆杀害平民百姓，将凭什么治理天下呢？臣不需

要杖击,请允许我自杀!”随即用头向柱子撞去,血流满面。皇帝让太监扶着董宣,要他向公主叩头谢罪,董宣不肯,就强行要他叩头,董宣用两手撑在地上,始终不肯低头。公主对皇帝说:“你做百姓时,藏匿逃亡和犯死罪的人,官吏不敢上门。现在做了天子,威权却不能用于一个县令吗?”皇帝笑着说:“天子与一般百姓是不同的。”便命令这个硬脖子县令出去。还赏给他三十万钱,董宣将钱全部分给手下官吏。从此,董宣打击豪强势力,那些人没有不畏惧战栗的。京师的人称他为“卧虎”。

苏章不以私枉法

《后汉书·列传第二十一》

苏章字孺(rú)文,扶风平陵人也。

顺帝时,迁[①]冀州刺史。故人为清河太守,章行部[②]案[③]其奸臧[④]。乃请太守,为设酒肴,陈平生之好甚欢。太守喜曰:“人皆有一天,我独有二天。”章曰:“今夕苏孺文与故人饮者,私恩也;明日冀州刺史案事者,公法也。”遂举[⑤]正其罪。州境知章无私,望风畏肃。

---

① 迁:晋升或调动官职。

② 行部:汉制,刺史常在八月巡视州境,考察刑政,称为行部。刺史所管的地区叫某某刺史部。

③ 案:查办。

④ 臧:同“赃”。

⑤ 举:揭发。

译文

苏章，字孺文，扶风郡平陵县人。

顺帝时，苏章升任冀州刺史。他的老朋友在做清河太守，苏章巡行考察，打算查办他贪赃枉法的罪行。于是他宴请太守，为他准备酒菜，畅叙平生的友谊，十分欢畅。太守欣喜地说："别人都有一个天，只有我有两个天。"苏章说："今晚我苏孺文跟老朋友喝酒，这是私人的交情；明天冀州刺史查办案件，这是国家的法律。"于是苏章揭发了清河太守的罪行并依法行事。冀州之内，人们都知道苏章不徇私情，望风畏惧，法纪肃然。

光武帝选太子傅

《资治通鉴·汉纪》

上大会群臣，问："谁可傅太子者？"群臣承望上意，皆言太子舅执金吾原鹿侯阴识可。博士[1]张佚(yì)正色曰："今陛下立太子，为阴氏乎，为天下乎？即为阴氏，则阴侯可；为天下，则固宜用天下之贤才。"帝称善，曰："欲置傅者，以辅太子也。今博士不难正[2]朕，况太子乎？"即拜佚为太子太傅，以博士桓荣为少傅，赐以辎车[3]、乘马。

---

① 博士：官职名称。

② 正：匡正。

③ 辎(zī)车：古代有帷盖的车子。

译文

光武帝召集百官，询问：“谁可以任太子的师傅？”群臣察言观色，迎合光武帝的意思，一致说太子的舅父、执金吾、原鹿侯阴识可以担当此任。博士张佚神情严肃地说：“如今陛下立太子，是为阴家呢，还是为天下呢？若是为阴家，那么阴识可用；若是为天下，那么就应当用天下的贤才。”光武帝表示赞许，说：“我之所以要设太子太傅，是为了辅佐太子。今天博士不难匡正朕的偏误，何况对于太子呢！”随即任命张佚为太子太傅，任命博士桓荣为太子少傅，赐予帷车、马匹。

宋弘为国选才

《资治通鉴·汉纪》

弘荐沛国桓谭，为议郎、给事中。帝令谭鼓琴，爱其繁声[1]。弘闻之，不悦，伺谭内出，正朝服坐府上，遣吏召之。谭至，不与席而让[2]之，且曰："能自改邪？将令相举以法乎？"谭顿首辞谢，良久乃遣之。后大会群臣，帝使谭鼓琴。谭见弘，失其常度。帝怪而问之，弘乃离席免冠谢曰："臣所以荐桓谭者，望能以忠正导主，而令朝廷耽悦郑声[3]，臣之罪也。"帝改容谢之。

---

① 繁声：指浮靡的音乐。

② 让：批评，责备。

③ 郑声：原指春秋战国时郑国的民间音乐。这里指与雅乐不同的俗乐。

译文

宋弘举荐沛国人桓谭当了议郎、给事中。光武帝让桓谭弹琴，喜爱那种复杂的音调。宋弘听说后，很不高兴。等到桓谭从宫中出来，宋弘穿戴好公服坐在大司空府中，派官吏去召见桓谭。桓谭到来之后，宋弘不给他座位就责备他，并且说："能自己改正过失吗？还是让我根据法律检举你呢？"桓谭磕头谢罪。过了很久，宋弘才打发他走。后来，光武帝大会群臣，让桓谭弹琴。桓谭看见宋弘，失却常态。光武帝感到奇怪，问宋弘是怎么回事。宋弘于是离开坐席，摘下帽子，谢罪说："我之所以举荐桓谭，是盼望他能用忠心和正义辅导君主；而他却让朝廷上下沉湎于靡靡之音，这是我的罪过。"光武帝一听，表情由奇怪变为惭愧，感谢宋弘的劝谏。

苻融验走

《晋书·载记第十四》

有老母[1]遇劫于路，母扬声唱[2]盗，行人为母逐之。既擒劫者，劫者返[3]诬行人为盗。时日垂暮，母及路人莫知孰是，乃俱送之。融见而笑曰："此易知耳，可二人并走[4]，先出凤阳门者非盗。"既而[5]还入，融正色谓后出者曰："汝真是盗，何以诬人！"其发奸摘伏，皆此类也。所在盗贼止息，路不拾遗。

---

① 老母：老妇人。
② 唱：呼喊。
③ 返：同"反"，反而。
④ 走：跑。
⑤ 既而：不久。

译文

有个老妇人在路上碰到强盗抢劫她，老妇人高喊抓强盗，路上的行人替她去追赶。抓到强盗后，强盗反而诬赖是这个行人抢劫。当时天色已晚，老妇人和路上的人谁也分不清孰是孰非，就把他们两人一起送官。苻融看见了笑着说："这很容易弄清楚，让两个人一起跑，先跑出凤阳门的不是强盗。"不久他们回来了，苻融严厉地对跑在后面的那个人说："你是真正的强盗，为什么要诬赖别人！"他揭发隐蔽的奸邪，都类似这样。所在之地盗贼都没有了，东西掉在路上也没人捡走据为己有。

陶侃惜谷

《晋书·列传第三十六》

尝[1]出游，见人持一把未熟稻，侃问："用此何为？"人云："行道所见，聊取之耳。"侃大怒曰："汝既不田，而戏贼人稻！"执而鞭之。是以百姓勤于农殖，家给人足。

① 尝：曾。

译文

陶侃曾经有一次出游时，看见有人手里拿着一把尚未成熟的稻子，陶侃问："拿着它干什么？"那人说："走在路上见到，就随便拔来了。"陶侃大为生气说："你既不种田，还随便损害人家的稻子！"把那人抓起来鞭打。因此百姓都勤恳地干农活，家家富裕人人丰足。

李惠拷羊皮

《北史·外戚列传第六十八》

人有负盐负薪者，同释重担息树阴。二人将行，争一羊皮，各言藉[1]背之物。惠遣争者出，顾州纲纪[2]曰：“此羊皮可拷知主乎？”群下咸无答者。惠令人置羊皮席上，以杖击之，见少盐屑，曰：“得其实[3]矣。”使争者视之，负薪者乃伏而就罪。凡所察究，多如此类，由是吏人莫敢欺犯。

---

① 藉：垫，衬。
② 纲纪：公府及州郡主簿。
③ 实：事实。

译文

有背着盐和背着柴的人，一同放下重担在树荫下休息。两人要上路时，争夺一张羊皮，都说是自己垫背的东西。李惠让这两人出去，回头对州主簿说：“拷打这张羊皮能知道它的主人吗？”部下都没有能回答的。李惠命人把羊皮放在席子上，用棍子击打，看见有少量盐屑，说：“知道实情了。”让争执的两人看盐屑，背柴的人跪下认罪。凡是他所观察研究的案件，多如这一类，因此官吏百姓都不敢欺诈。

唐太宗吞蝗虫

《贞观政要·卷八》

贞观二年，京师旱，蝗虫大起。太宗入苑[1]视禾，见蝗虫，掇[2]数枚而咒曰："人以谷为命，而汝食之，是害于百姓。百姓有过，在予一人，尔其有灵，但当蚀我心，无害百姓。"将吞之，左右遽[3]谏曰："恐成疾，不可。"太宗曰："所冀移灾朕躬，何疾之避！"遂吞之。自是蝗不复为灾。

---

① 苑：禁苑，帝王畜养禽兽和种植林木的园林，供皇帝游玩、打猎之用。
② 掇（duō）：拾取。
③ 遽（jù）：急忙。

译文

贞观二年，京城发生旱灾，蝗虫遍地都是。唐太宗到禁苑视察禾苗生长情况，看见蝗虫，就捉了几只祝祷道："人们把粮食当作生命，而你们却吃掉粮食，这是加害于百姓。百姓有过错，责任在我一人身上，你们如果有灵性，应当只吃我的心，不要伤害百姓。"说着就要吞下蝗虫，身边侍臣急忙劝谏说："吃了恐怕要得病，不能吃。"唐太宗说："我就希望将灾祸移到我的身上，有什么疾病好躲避的！"就把蝗虫吞下了。从此之后，蝗虫不再为害。

崔仁师治狱宽仁

《资治通鉴·唐纪》

青州有谋反者，州县逮捕支党，收系满狱，诏殿中侍御史安喜崔仁师覆按[①]之。仁师至，悉脱去杻械[②]，与饮食汤沐[③]，

① 覆按：再次进行审查。
② 杻（chǒu）械：手铐脚镣。
③ 汤沐：沐浴。

宽慰之，止坐[4]其魁首十余人，余皆释之。还报，敕使将往决[5]之。大理少卿孙伏伽谓仁师曰："足下平反者多，人情谁不贪生，恐见徒侣[6]得免，未肯甘心，深为足下忧之。"仁师曰："凡治狱当以平恕[7]为本，岂可自规免罪，知其冤而不为伸邪！万一暗短，误有所纵，以一身易十囚之死，亦所愿也。"伏伽惭而退。及敕使至，更讯诸囚，皆曰："崔公平恕，事无枉滥，请速就死。"无一人异辞者。

---

④ 坐：坐罪。

⑤ 决：决断。

⑥ 徒侣：同伙，共犯。

⑦ 平恕（shù）：公平仁恕。

译文

青州有人阴谋造反，州县官员逮捕其党羽，被收押的人塞满了监狱。唐太宗下诏令殿中侍御史安喜人崔仁师再次审讯他们。崔仁师到了青州，命令把全部囚犯的枷具都解开，给他们饮食，让他们沐浴，宽慰他们，只将首犯十余人论定罪行，其他人都释放。崔仁师回朝禀报，唐太宗又派专使即将前往进行判决。大理寺少卿孙伏伽对崔仁师说："你平反的人很多，从人之常情说，谁不贪图活着，恐怕这些首犯眼见共犯能免罪，不肯心甘情愿，我很为你担忧。"崔仁师说："凡审理案件应当以公平仁恕为根本原则，怎么可以自己谋求免除罪责，知道有人受冤而不替他们申诉呢？万一因为自己的见识愚昧短浅，错放了人，用我自己一命换十个囚犯的生命，我也愿意。"孙伏伽感到惭愧而退去。等到敕使到了青州，重新审讯所有的犯人，他们都说："崔公公平仁恕，案子没有冤枉和滥捕的，请快让我们就刑。"没有一个翻供的人。

戴胄犯颜执法

《资治通鉴·唐纪》

上以兵部郎中戴胄（zhòu）忠清公直，擢[1]为大理少卿。上以选人多诈冒资荫[2]，敕令自首，不首者死。未几，有诈冒事觉者，上欲杀之。胄奏："据法应流[3]。"上怒曰："卿欲守法而使朕失信乎？"对曰："敕者出于一时之喜怒，法者国家所以布大信于天下也。陛下忿[4]选人之多诈，故欲杀之，而既知其不可，复断之以法，此乃忍小忿而存大信也。"上曰："卿能执法，朕复何忧！"胄前后犯颜执法，言如涌泉，上皆从之，天下无冤狱。

---

① 擢（zhuó）：提拔。

② 荫：封建时代子孙因祖先的官爵而受到的封赏。

③ 流：古代刑罚之一，即把犯人放逐到边远地方服劳役。

④ 忿（fèn）：愤恨。

译文

唐太宗认为兵部郎中戴胄忠诚清廉，为人公正直率，提拔他做了大理寺少卿。当时许多候选官员都假冒资历和门荫，唐太宗令他们自首，否则就处死。没过几天，有假冒被发觉的，太宗要杀掉他。戴胄上奏道："根据法律应当流放。"太宗怒道："你想遵守法律而让我失信于天下吗？"戴胄回答说："敕令出于君主一时的喜怒，法律则是国家用来向天下人昭示最大信用的。陛下愤恨候选官员的多有欺诈，所以想要杀他们，但是现在既然知道不能这样做，再按照法律来裁断，这就是忍住一时的小愤而保全大的信用啊！"太宗说："你能这样执行法律，朕还有什么忧虑！"戴胄前后多次冒犯皇上而执行法律，奏答时滔滔不绝，太宗都听从他的意见，国内没有冤案。

唐临为万泉丞

《旧唐书·列传第三十五》

出[1]为万泉丞。县有轻囚十数人，会春暮时雨，临白[2]令请出之，令不许。临曰：“明公[3]若有所疑，临请自当其罪。”令因请假，临召囚悉令归家耕种，与之约，令归系所。囚等皆感恩贷，至时毕集诣狱，临因是知名。

① 出：出任。
② 白：告诉，禀告。
③ 明公：对位尊者的敬称。

译文

唐临出任万泉县丞。县里有十多个轻罪犯人，逢春末适时降雨，唐临禀告县令请求放出这些囚犯，县令不同意。唐临说：“您如果不放心，我唐临请求独自承担罪责。”县令于是请假，唐临召集囚犯令他们全部回家耕种，和他们约定，命他们按时返回监狱。囚犯都感激他的恩惠和宽大，全部按时返回监狱，唐临因此出名。

何易于挽舟

《新唐书·循吏列传第一百二十二》

何易于，不详何所人及所以进。为益昌令。县距州四十里，刺史崔朴常①乘春与宾属泛舟出②益昌旁，索民挽绛，易于身引舟，朴惊问状，易于曰："方③春，百姓耕且蚕，惟令不事，可任其劳。"朴愧，与宾客疾驱去。

---

① 常：同"尝"，曾经。

② 出：路过。

③ 方：正值，正当。

译文

何易于，不知是什么地方的人和怎样进入仕途的。任益昌县的县令。县城距离州城四十里，刺史崔朴曾经乘着春景和宾客划船路过益昌县境，索要民夫拉纤，何易于亲自来拉船，崔朴吃惊地问这是怎么回事，何易于说："正当春天，百姓既要耕种又要养蚕，唯有我这个县令不从事农耕，可以担任拉纤之劳。"崔朴很惭愧，和宾客急忙离去。

孤注一掷（寇准）

《宋史·列传第四十》

准颇自矜[①]澶渊之功，虽帝亦以此待准甚厚。王钦若深嫉之。一日会朝，准先退，帝目送之，钦若因进曰："陛下敬寇准，为其有社稷功邪？"帝曰："然。"钦若曰："澶渊之役，陛下不以为耻，而谓准有社稷功，何也？"帝愕然曰："何故？"钦若曰："城下之盟，《春秋》耻之。澶渊之举，是城下之盟也。以万乘之贵而为城下之盟，其何耻如之！"帝愀然[②]为之不悦。钦若曰："陛下闻博乎？博者输钱欲尽，乃罄[③]所有出之，谓之孤注。陛下，寇准之孤注也，斯亦危矣。"

---

① 矜（jīn）：夸耀。
② 愀（qiǎo）然：容色改变的样子。
③ 罄（qìng）：尽。

译文

寇准颇以澶渊的功劳自夸，即便是宋真宗也因此对寇准很好。王钦若很嫉妒他。有一天上朝，寇准先退朝，真宗目送他退出，王钦若趁机进言说："皇上敬重寇准，是因为他对国家有功吗？"真宗说："是。"王钦若说："澶渊之战，皇上不认为是耻辱，却说寇准对国家有功，为什么呢？"真宗很惊讶，问："有什么缘故吗？"王钦若说："在自己城下与敌人结盟，《春秋》以此为耻。澶渊之举，就是城下之盟。皇上以万乘之尊却与敌人结城下之盟，还有什么耻辱能与之相比！"真宗脸色大变，很不高兴。王钦若说："皇上听说过赌博吗？赌徒快把钱输光时，就尽其所有去赌，这就叫孤注。陛下，就是寇准的孤注，这也太危险了。"

赵普为相

《续资治通鉴·宋纪》

普独相凡十年，刚毅果断，以天下事为己任。尝欲除[1]某人为某官，帝不用；明日，复奏之，又不用；明日，更奏之。帝怒，裂其奏投诸地，普颜色自若，徐[2]拾奏归，补缀，复奏如初。帝悟，卒可其奏，后果以称职闻。又有立功当迁官者，帝素嫌其人，不与。普力请与之，帝怒曰："朕不与迁官，将奈何？"普曰："刑以惩恶，赏以酬功。刑赏者天下之刑赏，非陛下之刑赏也，岂得以喜怒专之？"帝弗听，起，普随之。帝入宫，普立于宫门，良久不去，帝竟从其请。

---

① 除：任命，授职。
② 徐：慢慢地。

译文

赵普单独任宰相共十年，刚毅果断，把天下事当作自己的责任。曾想授某人为某官，太祖不采纳他的意见；第二天，再奏请，又不听从；第三天，又奏请。太祖恼怒，把他的奏章撕裂扔到地上，赵普神态自若，慢慢地拾起奏章回去，修补好后，依然像一开始那样奏请。太祖醒悟，终于同意了他的奏请，后来那个人果然以称职闻名。又有个立功应当升官的人，太祖一向对他不满，不给他升官。赵普极力请求让那个人升迁，太祖发怒说：“朕不给他升官，你能怎么样呢？”赵普回答：“刑罚用来惩治罪恶，赏赐用来酬谢功劳。刑赏是天下的刑赏，并非陛下的刑赏，怎么能以自己的喜怒而想怎样就怎样呢？”太祖不听，站起身来，赵普跟随着太祖。太祖进入内宫，赵普站在宫门外，很长时间不离去，太祖最终同意了赵普的奏请。

贰

爱国·战争

宫之奇谏假道

《左传·僖公五年》

晋侯复假道于虞以伐虢。宫之奇谏曰："虢[1]，虞之表[2]也。虢亡，虞必从之。晋不可启，寇不可玩[3]，一之谓甚，其可再乎？谚所谓'辅[4]车[5]相依，唇亡齿寒'者，其虞、虢之谓也。"

---

① 虢：国名。

② 表：外表，这里指外部屏障。

③ 玩：轻慢，忽略。

④ 辅：面颊。

⑤ 车：牙床骨。

译文

晋献公再次向虞国借路去攻打虢国。宫之奇对虞公进谏说："虢国，是虞国的外部屏障。虢国灭亡了，虞国必定会跟着灭亡。切不可启发晋国的野心，不可忽视晋国这支军队。借路给晋国一次已经很过分了，怎么可以再借路给他呢？俗话所说的'面颊和牙床骨是相互依存的，失去了嘴唇牙齿就会受冻'，这话说的正是虞国和虢国的关系啊。"

卜式牧羊

《汉书·列传第二十八》

时汉方事匈奴，式上书，愿输家财半助边[1]。上使使问式："欲为官乎？"式曰："自小牧羊，不习[2]仕宦，不愿也。"使者曰："家岂有冤，欲言事乎？"式曰："臣生与人亡[3]所争，邑人[4]贫者贷之，不善者教之，所居，人皆从式，式何故见冤！"使者曰："苟，子何欲？"式曰："天子诛匈奴，愚以为贤者宜死节，有财者宜输之，如此而匈奴可灭也。"使者以闻。上以

---

① 边：边防。
② 习：熟悉。
③ 亡：同"无"。
④ 邑(yì)人：同乡。

语丞相弘。弘曰："此非人情。不轨之臣不可以为化而乱法，愿陛下勿许。"上不报。数岁乃罢式。式归，复田牧。

岁余，会浑邪等降，县官费众，仓府空，贫民大徙，皆卬给县官，无以尽赡。式复持钱二十万与河南太守，以给徙民。河南上富人助贫民者，上识式姓名，曰："是固前欲输其家半财助边。"乃赐式外繇[5]四百人，式又尽复与官。是时，富豪皆争匿财，唯式尤欲助费。上于是以式终长者，乃召拜式为中郎。

⑤ 繇（yáo）：同"徭"，劳役。

译文

当时汉朝正在抵抗匈奴入侵，卜式上书，愿捐家财的一半资助边防。皇上派使者问卜式："你想当官吗？"卜式说："我从小牧羊，不熟悉怎样当官，不愿意当官。"使者说："家里难道有冤屈要申诉吗？"卜式说："我生平与人没有争端，同乡贫穷的人我借钱给他，不善良的人我教他干好事，我居住地方的人都跟我友好相处，我怎么会被冤枉呢！"使者说："既然这样，你这样做是为什么呢？"卜式说："天子讨伐匈奴，我以为贤者应为大节而死，有钱的人应捐献钱财给国家，这样才能将匈奴消灭。”使者把他的话报告给皇上。皇上把这件事告诉给丞相公孙弘。公孙弘说：“这不是人之常情的表现。这种不按法规办事的人不可作为效法的榜样而扰乱法纪，希望陛下不要答应他。”皇上没有接受卜式的请求。过了几年，就下令让卜式回去了。卜式回乡后，依旧种田放牧。

过了一年多，遇上浑邪王等降汉，国家耗费过大，仓廪府库空虚，而贫民大量迁徙，都靠国家补给，朝廷无法全部负担。卜式又拿出二十万钱给河南太守，用来救迁徙的民众。河南上报富人资助贫民的名单，皇上认出了卜式，说：“此人就是从前那位要捐出一半家财资助边防的人。”于是赐卜式差役四百人，卜式又全部还给官府。当时，富豪都争相隐匿财产，只有卜式特别想捐钱帮助国家。皇上于是把卜式尊为长者，封卜式为中郎。

苏武牧羊

《汉书·列传第二十四》

律知武终不可胁，白单于。单于愈益欲降之，乃幽[1]武置大窖中，绝不饮食。天雨雪[2]，武卧啮[3]雪与旃[4]毛并咽之，数日不死。匈奴以为神，乃徙武北海上无人处，使牧羝[5]，羝乳[6]乃得归。别其官属[7]常惠等，各置他所。

武既至海上，廪食不至，掘野鼠去草实而食之。杖[8]汉节牧羊，卧起操持，节旄[9]尽落。

---

① 幽：囚禁。

② 雨雪：下雪。雨，动词，下。

③ 啮（niè）：咬，嚼。

④ 旃（zhān）：同“毡”，毛织的毡毯。

⑤ 羝（dī）：公羊。

⑥ 乳：生子。

⑦ 官属：所属官吏、部下。

⑧ 杖：执，拄。

⑨ 旄（máo）：牦牛尾，常用作旗杆等物的装饰。

译文

卫律知道苏武最终不可能因威胁而投降，就把情况报给了单于。单于越发想招降苏武，便把他囚禁在大窖里，断绝他的吃喝。天下着雪，苏武躺在地上，就着雪嚼吞毡毛，得以好多天没饿死。匈奴以为有神保佑，就把他流放到北海没有人烟的地方，让他放牧公羊，直到公羊生子，才允许他回来。并把他与属吏常惠等人分开，分别安置在不同的地方。

苏武被流放到北海以后，匈奴不供给他粮食，他只好挖掘野鼠所贮藏的草籽充饥。苏武每天拄着汉朝的旄节牧羊，因为早晚都握在手中，连旄节上的牦牛尾的毛都脱落了。

马革裹尸（马援）

《后汉书·列传第十四》

初，援军还，将至，故人多迎劳之。平陵人孟冀，名有计谋，于坐贺援。援谓之曰："吾望子有善言，反同众人邪？昔伏波将军路博德，开置[1]七郡，裁[2]封数百户；今我微劳，猥[3]飨[4]大县，功薄赏厚，何以能长久乎？先生奚用相济[5]？"冀曰："愚[6]不及。"援曰："方今匈奴、乌桓尚扰北边，欲自请击之。男儿要当死于边野，以马革裹尸还葬耳，何能卧床上在儿女手中邪？"冀曰："谅[7]为烈士，当如此矣。"

---

① 开置：开发并设置。
② 裁：同"才"。
③ 猥（wěi）：谦辞。
④ 飨（xiǎng）：享有。
⑤ 相济：帮助我。
⑥ 愚：我，谦辞。
⑦ 谅：确实。

译文

当初，马援的军队回朝，快要到京师的时候，他的许多老朋友都去迎接慰劳他。平陵人孟冀，以擅长谋略闻名，在座中祝贺马援。马援对他说：“我盼你有好的意见，你却和大家一样只知道祝贺我吗？从前的伏波将军路博德，开辟了七个郡，才封给他几百户的食邑；如今我只有一点功劳，愧受大县，功少赏多，凭什么能保持长久呢？先生用什么来帮我？”孟冀说：“我想不出来。”马援说：“当今匈奴、乌桓还在骚扰北部边疆，我想主动请求攻打他们。大丈夫应当死在战场，拿马皮包裹了尸身回来埋葬，怎能老待在家里，在儿女手中消磨光阴呢？”孟冀说：“真正的壮士，就应该这样。”

廉范克敌

《后汉书·列传第二十一》

会[1]匈奴大入塞，烽火日通。故事[2]，虏入过五千人，移书傍郡。吏欲传檄[3]求救，范不听，自率士卒拒之。虏众盛而范兵不敌。会日暮，令军士各交缚两炬，三头爇[4]火，营中星列。虏遥望火多，谓汉兵救至，大惊。待旦将退，范乃令军中蓐食，晨往赴之，斩首数百级，虏自相辚藉[5]，死者千余人，由此不敢复向云中。

① 会：遇。
② 故事：按照旧例。
③ 檄（xí）：公文。
④ 爇（ruò）：点燃。
⑤ 辚（lín）藉：践踏。

译文

正遇上匈奴大举入侵边塞，烽火每日通报消息。按照旧例，胡虏入侵兵力超过五千人，就要向旁边的郡发出公文。官吏想传檄文求救，廉范不同意，亲自率兵抵御敌军。但敌军人数众多而廉范兵力太少，不能抵敌。正赶上傍晚日落，廉范命令军士将两个火炬缚成十字，手持一端，点燃三端，在营中分开排列。敌兵远远望见火炬众多，以为汉军救兵到来，十分惊恐。敌兵快到天亮想要撤退时，廉范便命令士兵在睡觉的草垫子上吃饭，清晨前往阵前杀敌，斩敌首级数百个，敌人自相践踏，死去的有一千多人。从此匈奴不敢再进犯云中了。

程昱守鄄城

《资治通鉴·汉纪》

振威将军程昱以七百兵守鄄城①。曹操欲益②昱兵二千，昱不肯，曰："袁绍拥十万众，自以所向无前，今见昱少兵，必轻易③，不来攻。若益昱兵，过则不可不攻，攻之必克，徒两损其势，愿公无疑。"绍闻昱兵少，果不往。操谓贾诩④曰："程昱之胆，过于贲、育⑤矣！"

---

① 鄄（juàn）城：地名，在山东省。
② 益：增加。
③ 轻易：轻视。
④ 贾诩（xǔ）：人名。三国时期曹操的谋士。
⑤ 贲（bēn）、育：孟贲和夏育，战国时勇士孟贲和夏育的并称。

译文

振威将军程昱带领七百个士兵防守鄄城。曹操要增拨两千兵给程昱，程昱不肯接受，说：“袁绍拥有十万军队，自认为所向无敌，如今看到我兵少，一定会轻视，不来进攻。如果增加我的军队，袁绍经过时就不会不来攻打，攻打就一定能攻下，这样就白白损失了你我两处的势力，请你不要疑虑。”袁绍听说程昱兵少，果然不去攻打。曹操对贾诩说：“程昱的胆识，超过了孟贲和夏育！”

贾诩论战

《三国志·魏志十》

太祖比[1]征之，一朝引军退，绣自追之。诩谓绣曰："不可追也，追必败。"绣不从，进兵交战，大败而还。诩谓绣曰："促更追之，更战必胜。"绣谢曰："不用公言，以至于此。今已败，奈何复追？"诩曰："兵势有变，亟往必利。"绣信之，遂收散卒赴追，大战，果以胜还。问诩曰："绣以精兵追退军，而公曰必败；退以败卒击胜兵，而公曰必克。悉如公言，何其反而皆验也？"诩曰："此易知耳。将军虽善用兵，非曹公敌[2]也。

① 比：接连，连续。
② 敌：匹敌。

军虽新退，曹公必自断后；追兵虽精，将既不敌，彼士亦锐，故知必败。曹公攻将军无失策，力未尽而退，必国内有故。已破将军，必轻军速进，纵留诸将断后，诸将虽勇，亦非将军敌，故虽用败兵而战必胜也。”绣乃服。

译文

太祖接连征讨张绣，一天早晨带领军队后撤，张绣要亲自带兵追击他。贾诩对张绣说：“不能追，追击一定会失败。”张绣不肯听从，进军和曹军交战，结果被打得大败逃回。贾诩对张绣说：“赶快再去追击曹军，再打一仗必定获胜。”张绣谢绝说：“没有采用您的意见，才落到这种地步。现在已经战败，再追有什么用呢？”贾诩说：“用兵的形势有了变化，赶紧去追一定有利。”张绣相信了他的话，于是聚集离散的士兵前去追击，和曹军大战，果然获胜返回。张绣问贾诩说：“我用精锐的士兵追击撤退的军队，而您说一定失败；败退后用打了败仗的士兵去追击获胜的军队，而您说一定获胜。事情全都像您说的那样，为什么这违背常理的事都应验了呢？”贾诩说：“这是很容易理解的。将军您虽然善于用兵，但不是曹操的对手。曹军虽然刚刚撤退，曹操一定亲自留在后面掩护撤退；我们追击的士兵虽然精锐，但将领既不是他的对手，而曹军的士气也很旺盛，所以知道我军一定会战败。曹操攻打将军您时没有失策的地方，作战的力量没有耗尽就撤退了，一定是国内有了变故。已经打败了将军，他一定会让军队轻装快速前进，即使留下将领们在后面掩护撤退，将领们虽然勇敢，也不是将军您的对手，所以虽然用打了败仗的士兵去追击也一定会获胜。”张绣这才信服。

孙静献计平王朗

《三国志·吴志六》

是时太守王朗拒策于固陵，策数度水战，不能克。静说策曰：“朗负[1]阻[2]城守，难可卒拔[3]。查渎[4]南去此数十里，而道之要径也，宜从彼据其内，所谓攻其无备、出其不意者也。

---

① 负：依恃，凭仗。

② 阻：地势险要。

③ 卒拔：一下子攻克。

④ 查渎（chá dú）：地名。

吾当自帅[5]众为军前队，破之必矣。”策曰：“善。”乃诈令军中曰：“顷[6]连雨水浊，兵饮之多腹痛，令促[7]具罂缶数百口澄水。”至昏暮，罗以然火诳朗，便分军夜投查渎道，袭高迁屯。朗大惊，遣故丹杨太守周昕等帅兵前战。策破昕等，斩之，遂定会稽。

---

⑤ 帅：同“率”。
⑥ 顷：近来。
⑦ 促：迅速。

译文

这时太守王朗在固陵抵抗孙策，孙策多次渡江与他作战，都不能取胜。孙静劝孙策说："王朗依恃险阻，据城而守，难以很快攻克。查渎南距此地几十里，却是通行的要道，我们应从那地方攻占会稽内部，这就是兵法所说的攻击敌人没有防备的、出乎敌人意料之外的地方。我将亲自率领人马做全军的先锋部队，定能取胜。"孙策说："很好。"就在军中下达一道假命令说："近来连着下雨，水浑浊不清，士兵喝了这种水后很多人肚子痛，我命令马上准备几百只翁和罐来澄清水。"到天黑，将收集的瓮和罐排列起来，点上火炬欺骗王朗，暗中则分派军队连夜奔往查渎的道路，袭击高迁屯。王朗非常惊慌，派原丹杨太守周昕等人率兵前去迎战。孙策打败周昕等人，杀死了他们，于是平定了会稽郡。

诸葛亮空城计

《三国志·诸葛亮传》裴松之注引

亮屯于阳平，遣魏延诸军并兵东下，亮惟留万人守城。晋宣帝率二十万众拒亮，而与延军错道[①]，径至前，当亮六十里所，侦候白宣帝说亮在城中兵少力弱。亮亦知宣帝垂[②]至，已与相逼，欲前赴延军，相去又远，回迹反追，势不相及，将士失色，莫知其计。亮意气自若，敕军中皆卧旗息鼓，不得妄出

① 错道：交错行军。

② 垂：将。

庵幔[3]，又令大开四城门，扫地却洒。宣帝常谓亮持重，而猥见势弱，疑其有伏兵，于是引军北趣[4]山。明日食时，亮谓参佐拊手大笑曰："司马懿必谓吾怯，将有强伏，循山走矣。"候逻[5]还白，如亮所言。宣帝后知，深以为恨[6]。

---

③ 庵（ān）幔：营帐。

④ 趣：同"趋"，急走。

⑤ 候逻：侦察巡逻的士兵。

⑥ 恨：遗憾，后悔。

译文

诸葛亮在阳平驻军，派遣魏延等众将合兵向东进攻，自己只留一万人守城。晋宣帝司马懿率领二十万大军迎战诸葛亮，却与魏延的大军交错行军，径直来到前面，在距离诸葛亮六十里左右的地方，侦察人员报告司马懿说诸葛亮在城中兵少力弱。诸葛亮也知道司马懿将要到了，已经逼近自己，想向前追上魏延的军队，但是又相隔太远，想调回魏延的军队反攻司马懿，必定来不及了。将士们很害怕，不知道诸葛亮有什么计策。诸葛亮镇定自若，命令将士们把旗帜放倒，

停止击鼓，不准随便出营帐，又命令打开四个城门，清扫道路，洒水去尘。司马懿常说诸葛亮稳重，突然看到他表现出弱势，怀疑城中有埋伏的士兵，于是率领大军急忙向北边的山上退去。第二天吃饭时，诸葛亮拍手大笑着对部下说：“司马懿一定是以为我故意表现怯弱，会有强大的伏兵，顺着山道走了。”侦察巡逻的士兵回来时说的正如诸葛亮所讲的一样。司马懿后来知道了真相，非常后悔。

淝水之战（谢玄）

《资治通鉴·晋纪》

秦兵逼肥水而陈，晋兵不得渡。谢玄遣使谓阳平公融曰："君悬军[1]深入，而置陈逼水，此乃持久之计，非欲速战者也。若移陈小却[2]，使晋兵得渡，以决胜负，不亦善乎！"秦诸将皆曰："我众彼寡，不如遏之，使不得上，可以万全。"坚曰："但引兵少却，使之半渡，我以铁骑蹙[3]而杀之，蔑不胜矣！"融亦以为然，遂麾兵使却。秦兵遂退，不可复止。谢玄、谢

① 悬军：孤军。
② 却：退却，撤退。
③ 蹙（cù）：逼近，逼迫。

琰、桓伊等引兵渡水击之。融驰骑略陈，欲以帅退者，马倒，为晋兵所杀，秦兵遂溃。玄等乘胜追击，至于青冈。秦兵大败，自相蹈藉而死者，蔽野塞川。其走者闻风声鹤唳，皆以为晋兵且至，昼夜不敢息，草行露宿，重以饥冻，死者什七八。

译文

前秦的军队在靠近淝水的地方列阵，晋军就不能渡过淝水。谢玄派使者对阳平公苻融说："您孤军深入，却沿淝水布阵，这是作持久战的打算，不是想求得速战的啊。如果您把兵阵稍稍向后撤，使晋军能够渡过河去，然后再决战胜负，不是很好吗？"前秦的众位将领都说："我们兵力雄厚，他们兵力单薄，不如阻止他们渡河，使晋军不能上岸，可以万无一失。"苻坚说："只需率兵稍稍后撤，使晋军半数过河，我们再用精锐的骑兵紧压过来杀向晋军，没有打不胜的！"苻融也认为对，于是就指挥军队使他们往后退却。秦军既然退却，就再也制止不住。谢玄、谢琰、桓伊等将领率军渡过淝水趁势追击秦军。苻融骑着马在阵地上飞跑巡视，想要指挥那些正在后退的士兵，但马被绊倒，苻融被晋兵杀死，前秦军队于是溃败。谢玄等将领率军乘胜追击，一直追到青冈。秦军大败，自相践踏而死亡的人，盖满了田野，阻塞了河流。那些逃跑的士兵听到风的响声、鹤的鸣叫，都认为是晋兵将要袭来，白天黑夜不敢休息，在草丛中穿行，露天过夜，加上又饥又冻，前秦士兵死的十有七八。

裴行俭粮车伏兵

《旧唐书·列传第三十四》

行俭行至朔州，知萧嗣业以①运粮被掠，兵多馁②死，遂诈为粮车三百乘，每车伏壮士五人，各赍③陌刀、劲弩，以羸④兵数百人援车，兼伏精兵，令居险以待之。贼果大下，羸兵弃车散走。贼驱车就⑤泉水，解鞍牧马，方拟⑥取粮，车中壮士齐发，伏兵亦至，杀获殆尽，余众奔溃。自是⑦续遣粮车，无敢近之者。

---

① 以：因。
② 馁（něi）：饥饿。
③ 赍（jī）：持有，携带。
④ 羸（léi）：瘦弱。
⑤ 就：走近。
⑥ 方拟：正打算。
⑦ 自是：从此。

译文

裴行俭到达朔州，得知因萧嗣业所运军粮被夺，很多士兵饿死，于是伪装了三百辆运粮车，每辆车埋伏五名壮士，各持长刀、强弩，让几百名瘦弱的士兵押车，又埋伏下精兵，让他们占据险要地段等待。贼兵果然大批下来，瘦弱的士兵抛弃运粮车四散逃走。贼兵将车赶到有泉水的地方，解下马鞍，放马吃草，正打算取粮食，车中壮士一同杀出，伏兵也赶到了，将敌人几乎全部杀死或俘获，剩下的人都奔逃溃散。从此陆续派遣运粮车，无人再敢靠近。

曹玮诱敌

《续资治通鉴·宋纪》

玮在镇戎，尝出战少捷，侦虏去已远，乃驱所掠[1]牛羊辎重[2]而还，颇失部伍[3]。其下忧之，言于玮曰："牛羊无用，不若弃之，整众而归。"玮不答。

西蕃兵去数十里，闻玮利牛羊而师不整，遽还袭之。玮行愈缓，得地利处，乃止以待之。西蕃军将至，逆[4]使人谓之曰："蕃军远来，必甚疲，我不欲乘人之怠，请憩士马，

① 掠：缴获。

② 辎重：军用器械、粮草、营帐、服装等的统称。

③ 颇失部伍：军容不整齐。

④ 逆：迎上去。

少选[5]决战。”蕃人方苦疲，皆欣然，严军而歇。良久，玮又使人谕之曰：“歇定可相驰[6]矣。”于是各鼓军而进，一战，大破蕃师，遂弃牛羊而还，徐谓其下曰：“吾知蕃已疲，故为贪利以诱之。比其复来，几行百里矣。若乘锐便战，犹有胜负；远行之人，若少憩，则足痹不能立，人气亦阑[7]，吾以此取之。”

---

⑤ 少选：过一会儿。

⑥ 相驰：交战。

⑦ 阑：尽。

译文

曹玮在镇戎一带戍边，曾与西蕃兵作战，取得了小胜利，侦察到西蕃兵已经跑远了，就命部下驱赶所缴获的牛羊及辎重回营，看起来军容不整齐。部下对此感到忧虑，便对曹玮说："牛羊没什么用处，不如丢掉它们，把军队整顿好再回营。"曹玮没有回答。

西蕃兵逃了几十里，听说曹玮贪图牛羊的小利致使队伍散乱不整，立即回兵袭击曹玮。曹玮的军队愈走愈慢，走到地形有利的地方，便停下来，等待西蕃兵的到来。西蕃兵快到了，曹玮便派人迎上去传话说："你们西蕃军队远道而来，必然十分疲劳。我军不想乘你们疲困的时候同你们作战，请你们休息一下，过一会儿再决战。"西蕃军士正苦于疲困，听到这话，都很高兴，整顿好队伍，就地休息。过了很久，曹玮又派人来向他们传话："休息够了就可以交战了。"于是双方擂鼓进军，一仗下来，曹玮的军队大破西蕃兵，便丢弃牛羊班师回营。曹玮从容地对部下说："我知道西蕃兵已经很疲倦了，所以故意假装贪图小利的样子来引诱他们。等到他们卷土重来，他们已经走了差不多百里路。如果乘着他们士气正盛时就交战，那战斗的结局可能有胜有负。走了远路的人，如果稍微休息一下，那他的脚就会麻木，甚至站不起来，气力也会消散殆尽。我就是根据这个道理取胜的。"

岳飞治军

《宋史·列传第一百二十四》

师每休舍，课[①]将士注坡[②]跳壕，皆重铠习之。子云尝习注坡，马踬[③]，怒而鞭之。卒有取民麻一缕以束刍[④]者，立斩以徇[⑤]。卒夜宿，民开门愿纳，无敢入者。军号“冻死不拆屋，饿死不卤掠”。卒有疾，躬为调药；诸将远戍，遣妻问劳其家；死事者哭之而育其孤，或以子婚其女。凡有颁犒[⑥]，均给军吏，秋毫不私。

善以少击众。欲有所举[⑦]，尽召诸统制与谋，谋定而后战，故有胜无败。猝遇敌不动，故敌为之语曰：“撼山易，撼岳家军难。”张俊尝问用兵之术，曰：“仁、智、信、勇、严，阙一不可。”

---

① 课：督促。

② 注坡：从斜坡上急冲而下。

③ 踬：跌倒。

④ 刍(chú)：喂牲口的草料。

⑤ 徇：示众。

⑥ 颁犒(kào)：(朝廷的)赏赐犒劳品。

⑦ 举：指军事行动。

译文

军队每次休整时，岳飞便督促将士练习从斜坡上急冲下去、跳跃壕沟，他们都身穿重甲练习这些项目。岳飞的儿子岳云曾经练习从斜坡上急冲而下，（有一次）坐骑跌倒了，岳飞就发火鞭打他。有士卒拿了百姓的一缕丝麻捆扎干草，立即被斩首示众。士兵夜间宿营，百姓打开屋门愿意让他们进屋休息，没有一个敢擅自进入的人。军队的口号是"冻死不拆屋，饿死不掳掠"。士卒有病，岳飞亲自调药；将领们远征，岳飞派妻子到他们家中慰问；将士战死，岳飞为他们流泪并抚育他们的遗孤，或让自己的儿子娶阵亡将士的女儿为妻。凡是朝廷有封赏犒劳，都分给部下军吏，不私拿一丝一毫。

岳飞善于以少击多。准备有所行动时，就召集所有统制官一起商议，谋略确定之后再同敌交战，因此总是胜利而没有失败。突然与敌遭遇而镇定自若，所以敌人评论岳飞军队说："撼动大山容易，撼动岳家军困难。"张俊曾经询问岳飞用兵的方法，岳飞回答说："仁义、智谋、诚信、勇敢、严格，缺一不可。"

文天祥绝笔自赞①

《宋史·列传第一百七十七》

天祥临刑殊②从容，谓吏卒曰："吾事毕矣。"南乡③拜而死。数日，其妻欧阳氏收其尸，面如生，年四十七。其衣带中有赞曰："孔曰成仁，孟曰取义，惟其义尽，所以仁至。读圣贤书，所学何事，而今而后，庶几④无愧。"

---

① 赞：文体的一种，一般用于颂扬。

② 殊：很，非常。

③ 乡：同"向"。

④ 庶几：差不多。

译文

文天祥临刑时很从容，对看守他的士兵说：“我的事情结束了。”向着南方跪拜而死。几天后，他的妻子欧阳氏去收殓他的尸体，脸色像活着时一样，终年四十七岁。他的衣带中写有赞文说：“孔子说成仁，孟子说取义，只有尽到义，才能达到仁。读圣贤人所著的书，所学到的就是这些道理，从今以后，心中差不多没有愧疚了。”

钱金玉誓死抗敌

《鸦片战争文学集》

钱金玉官松江千总[①]，性刚果，尚廉节。道光壬寅鸦片衅[②]起，钱方假[③]归省亲，闻讯，即束装起行。其亲友尼[④]之曰："军事方急，祸福不可知。君方在假，上官又未有文檄趣[⑤]君往，何急急为？"钱不听。既至吴淞，从守西炮台，与部卒同

---

① 千总：清朝武官名称。
② 衅（xìn）：战祸。
③ 假：告假，休假。
④ 尼：阻止。
⑤ 趣：催促。

饮食卧起，以力战相勖[6]。及东炮台陷，弹丸咸集于西炮台。钱奋勇督战，喋血[7]数小时，左臂中三弹，曾不少却。其近卒泣陈[8]：“公有老母在，不可死。”笑谢曰：“焉有食国之禄而逃其难者乎？幸勿为吾母虑也！”未几，一弹来，中左乳，遂仆。弥留之际，犹大呼“贼奴误国”不置[9]。

---

⑥ 勖（xù）：勉励。

⑦ 喋血：流血满地。

⑧ 陈：叙说。

⑨ 不置：不停。

译文

钱金玉担任松江县的千总，他性情刚直果敢，崇尚廉洁的气节。清道光壬寅年鸦片战争爆发，钱金玉正在休假回家探亲，听到消息，当即整理好行装启程。他的亲戚朋友阻止他说：“战事正紧急，是福是祸还不可预测。你正在休假，上级又没有文书催促你前往，为什么那么着急呢？”钱金玉不听劝告。他回到吴淞口之后，便跟随军队防守西炮台，和士兵同吃同住，用奋力作战的话来互相勉励。等到东炮台陷落，敌人的炮火便全部集中在西炮台。钱金玉奋勇指挥战斗，浴血苦战了几小时，左臂中了三弹，却没有稍微退却。他身边的士兵边哭边对他说：“您有老母亲在，不能死啊。”钱金玉笑着辞谢说：“哪有享受国家俸禄却逃避国家灾难的人呢？希望你不要为我母亲担忧。”不一会儿，一弹打来，击中钱金玉的左胸，他当即倒下了。临终时，他还不停地大声呼喊：“卖国贼害了国家！”

叁

教育·劝谏

召公谏厉王止谤[1]

《国语·周语上》

厉王虐，国人谤王。召公告曰："民不堪命[2]矣！"王怒，得卫巫，使监谤者，以告，则杀之。国人莫敢言，道路以目。王喜，告召公曰："吾能弭谤矣，乃不敢言。"

召公曰："是障[3]之也。防民之口，甚于防川。川壅[4]而溃，伤人必多，民亦如之。是故为川者决之使导，为民者宣之

---

① 谤：议论，指责。

② 命：政令。

③ 障：阻塞。

④ 壅：堵塞。

使言。故天子听政，使公卿至于列士献诗，瞽[5]献曲，史献书，师箴，瞍[6]赋，矇[7]诵，百工谏，庶人传语，近臣尽规，亲戚补察，瞽、史教诲，耆[8]、艾[9]修之，而后王斟酌焉，是以事行而不悖。民之有口也，犹土之有山川也，财用于是乎出；犹其有原隰[10]衍沃也，衣食于是乎生。口之宣言也，善败于是乎兴，行善而备败，其所以阜财用衣食者也。夫民虑之于心而宣之于口，成而行之，胡可壅也？若壅其口，其与能几何？”

王弗听，于是国人莫敢出言，三年，乃流王于彘[11]。

---

⑤ 瞽(gǔ)：盲人，这里指乐官，古代乐官多为盲人担任。

⑥ 瞍(sǒu)：盲人而无瞳仁者。

⑦ 矇：盲人而有瞳仁者。

⑧ 耆(qí)：六十岁的老人。

⑨ 艾：五十岁的老人。

⑩ 隰(xí)：低而潮湿的土地。

⑪ 彘(zhì)：地名。

译文

周厉王暴虐无道，百姓纷纷指责他的过失。召公告诉厉王说："百姓已经忍受不了您的政令了！"厉王很生气，便找来卫国的巫师，命他去监视指责他的人，巫师一发现有人埋怨指责，便向厉王报告，厉王就将这人杀掉。从此百姓都不敢说话，路上碰见只用眼神示意。厉王很高兴，对召公说："我能够阻止百姓的指责了，他们不敢说话了。"

召公说："这是阻塞人们的言论啊。堵塞百姓嘴巴比堵塞河流的祸患更大。河流被堵塞，一旦决口，必定会伤害很多人，堵塞百姓嘴巴也一样。因此治理河道的人要疏浚河道，使水畅通，治理百姓的人要开导百姓，使他们畅所欲言。所以天子处理政事，让大臣以至有地位的士人献上规谏的诗歌，乐官献上乐曲，史官献上史籍，少师进献箴言，瞍者朗诵，矇者吟咏，各类工匠都来直言规劝，百姓把意见辗转向上传达，左右近臣尽力规劝，宗室姻亲弥补缺失，乐官和太史施以教诲，元老重臣修饬政令，然后由天子来斟酌裁决，因此天子的一切行事才不至于与情理相违背。百姓有口，就像大地有山有水一样，财物器用从这里产生；就好像土地有平原、洼地、高低良田，吃的穿的都是从这里得到。百姓议论政事，政事的好坏才能反映出来。实行好的，防范坏的，这是增加财物、器用、衣食的方法。人民在心里考虑，用嘴讲，君王认为可行就推行它，怎么能够堵塞呢？如果堵塞百姓的嘴巴，又能有多少帮助呢？”

厉王不听召公的劝告，从此，都城的人都不敢议论政事。过了三年，厉王就被流放到彘地去了。

师旷撞晋平公

《韩非子》

晋平公与群臣饮，饮酣，乃喟然叹曰：“莫乐为人君，惟其言而莫之违。”师旷侍坐于前，援琴撞之。公披衽[1]而避，琴坏于壁。公曰：“太师[2]谁撞？”师旷曰：“今者有小人言于侧者，故撞之。”公曰：“寡人也。”师旷曰：“哑[3]！是非君人者之言也。”左右请除之，公曰：“释之，以为寡人戒。”

---

① 被衽（rèn）：撩开衣襟。

② 太师：古代乐官之长称“太师”，这里是称师旷。

③ 哑：同“呀”，拟声词。

译文

晋平公与群臣一起喝酒，喝得畅快之时，就感慨地赞叹说："没有什么比做君主更快乐的了，只有君主的话是没有人敢违背的。"师旷在晋平公跟前陪坐，便拿过琴向他扔去。晋平公撩开衣襟躲避，琴撞到墙上撞坏了。晋平公说："太师扔谁呢？"师旷说："现在有个小人在一旁说话，所以我扔他。"晋平公说："说话的人是我啊。"师旷说："哎呀！这不是做君主的人应该说的话。"晋平公身边的侍从请求晋平公除掉师旷，晋平公说："放了他，我要把这件事作为我的鉴戒。"

孟母三迁

《列女传》

邹孟轲之母也，号孟母。其舍[1]近墓，孟子之少也，嬉游为墓间之事，踊跃筑埋。孟母曰："此非吾所以居处[2]子也。"乃去，舍市傍。其嬉戏为贾人[3]衒卖之事。孟母又曰："此非吾所以居处子也。"复徙，舍学宫之傍，其嬉游乃设俎豆[4]，揖让进退。孟母曰："真可以居吾子矣。"遂居之。

---

① 舍：家。

② 处：安顿。

③ 贾人：商人。

④ 俎（zǔ）豆：古代祭祀用的两种盛器，这里指祭祀仪式。

译文

邹国孟子的母亲,被称为孟母。最初她的家邻近墓地,孟子小时候常常在坟墓间游玩,喜欢做一些修筑坟墓掩埋棺材的事情。孟母说:"这里不是我安顿儿子的地方。"于是离开,搬到集市旁边居住。孟子又嬉戏玩闹学商人沿街叫卖。孟母又说:"这里也不是我安顿儿子的地方。"又搬家,安家到学宫附近。孟子在游玩中学做祭祀和打躬作揖、进退朝堂等礼仪。孟母说:"这里可以安顿我的儿子了。"于是就定居下来。

田子方诫子击

《资治通鉴·周纪》

子击出，遭[①]田子方于道，下车伏谒。子方不为礼。子击怒，谓子方曰："富贵者骄人乎？贫贱者骄人乎？"子方曰："亦贫贱者骄人耳，富贵者安敢骄人！国君而骄人则失其国，大夫而骄人则失其家[②]。失其国者未闻有以国待之者也，失其家者未闻有以家待之者也。夫士贫贱者，言不用，行不合，则纳履[③]而去耳，安往而不得贫贱哉！"子击乃谢[④]之。

① 遭：遇。
② 家：指大夫的封地。
③ 纳履：穿上鞋子。
④ 谢：道歉。

译文

魏国太子魏击外出，在路上遇到田子方，便下车伏地拜见。田子方却不施礼。太子击大怒，对田子方说：“是富贵的人能对人骄傲呢，还是贫贱的人能对人骄傲？”田子方答道：“当然是贫贱的人能对人骄傲，富贵的人哪里敢对人骄傲！国君如果对人骄傲就会失掉他的封国，大夫如果对人骄傲就会失去他的领地。失去封国的人，从未听说过有人用国君的规格去对待他的；失去领地的人，从未听说过有人用大夫的规格去对待他的。至于贫贱的士人，如果所说的不被采用，所行的不投机，无非是穿上鞋子离开罢了，无论走到哪里不都是过着贫贱的生活吗？”太子击于是向田子方道歉。

“大树将军”冯异

《后汉书·列传第七》

异为人谦退不伐[①]，行与诸将相逢，辄[②]引车避道。进止皆有表识[③]，军中号为整齐。每所止舍，诸将并坐论功，异常独屏[④]树下，军中号曰“大树将军”。及破邯郸，乃更部分诸将，各有配隶。军士皆言愿属大树将军，光武以此多[⑤]之。

---

① 伐：夸耀。

② 辄（zhé）：就。

③ 表识（zhì）：标记，标识。

④ 屏：退避。

⑤ 多：赞扬。

译文

冯异为人谦让不自夸，出行和众将相遇，就让自己的车到路边避让。进退都有标识，军中都称他有规矩。每次军队停下来作短暂休息时，将领们都围坐在一起讲论战功，冯异却常常一个人避坐在树下，军中称他为“大树将军”。攻破邯郸后，军中调整将领部署，并分配各自的属官。士官们都说愿意跟随大树将军，刘秀因此赞扬他。

陈寔晓喻梁上君子

《后汉书·列传第五十二》

寔(shí)在乡闾[1],平心率物。其有争讼,辄求判正,晓譬曲直[2],退[3]无怨者。至乃叹曰:“宁为刑罚所加,不为陈君所短[4]。”时岁荒民俭[5],有盗夜入其室,止于梁上。寔阴见,乃起自整拂[6],呼命子孙,正色训之曰:“夫人不可不自勉。不善之

① 乡闾(lǘ):家乡。
② 晓譬曲直:明白详细地说明是非。
③ 退:指事后。
④ 短:批评,指责。
⑤ 俭:贫困。
⑥ 整拂:整理拂拭衣服。

人未必本恶，习以性成，遂至于此。梁上君子者是矣！”盗大惊，自投于地，稽颡⑦归罪。寔徐⑧譬之曰：“视君状貌，不似恶人，宜深克己反善。然此当由贫困。”令遗⑨绢二匹。自是一县无复盗窃。

---

⑦ 稽颡（sǎng）：叩头。
⑧ 徐：慢慢地。
⑨ 遗：送给。

译文

陈寔在家乡，能秉持一颗公平心去接人待物。要是有争执和诉讼的事，他就力求公正地进行决断，向当事人明白详细地说明是非，事后没有人埋怨他。以至有人慨叹说："宁可去坐牢受刑，也不愿被陈老批评。"当时闹灾荒，百姓生活贫困，有小偷夜晚潜入陈宅，躲在屋梁上。陈寔暗中发现了，就起身整理拂拭衣服，把子孙们都叫进来，严肃地训话说："人

不可以不自勉自强。不善的人未必本来就恶，习惯形成个性，才至于作恶。梁上君子就是这样的人啊！”小偷大惊，自己主动从屋梁跳到地上，叩头认罪。陈寔慢慢地训导他说：“看你的长相，不像是恶人，应该深刻地反省自己回到善道上来。不过你这样应当是因为太穷困了。”让人送给他两匹绢。从此全县没有再发生偷盗的事。

“独立君”裴侠

《周书·列传第二十七》

除河北郡守。侠躬履[1]俭素，爱民如子，所食唯菽[2]麦盐菜而已。吏民莫不怀之。此郡旧制，有渔猎夫三十人以供郡守。侠曰：“以口腹役人，吾所不为也。”乃悉罢之。又有丁三十人，供郡守役使。侠亦不以入私，并收庸直[3]，为官市马。岁月既积，马遂成群。去职之日，一无所取。民歌之曰：“肥鲜不食，丁庸不取。裴公贞惠，为世规矩。”侠尝与诸牧守俱谒太祖。太祖命侠别立，谓诸牧守曰：“裴侠清慎奉公，为天下之最，今众中有如侠者，可与之俱立。”众皆默然，无敢应者。太祖乃厚赐侠，朝野叹服，号为“独立君”。

---

① 躬履：亲身实行。
② 菽（shū）：豆类的总称。
③ 庸直：向官府交纳的用以代替劳役的钱或物。

译文

裴侠被任命为河北郡的太守。裴侠亲自实行节俭朴素，爱民如子，所吃的食物只是豆子、麦子、腌菜而已。官吏和百姓都怀念他。按河北郡原来的规定，有三十名渔夫猎人供郡守役使。裴侠说："为了自己的口腹之欲而役使人，我不愿意这样做。"于是全都免除。另外又有三十名丁夫，给郡府做杂役。裴侠也不私自役使，而是一并收取一定的钱帛，给官府买了马匹。过了一段时间，马已成群。当他离开河北郡守位置时，一点财物也没有拿。老百姓为他编了一首歌："肥鲜不吃，丁庸不取用。裴公忠贞而爱民，为世人的楷模。"裴侠曾经和各地州郡长官一起参见太祖。太祖叫裴侠单独站在一边，对其他人说："裴侠清白谨慎一心为公，为天下第一，你们之中如果有能与裴侠相比的，可以与裴侠站在一处。"所有人都沉默不语，没人敢应答。太祖于是厚赐裴侠，朝野都对裴侠赞叹钦佩，称他为"独立君"。

李存审授镞①

《资治通鉴·后唐纪》

存审出于寒微，常戒诸子曰："尔父少②提一剑去乡里，四十年间，位极③将相，其间出④万死获一生者非一，破骨出镞者凡百余。"因授以所出镞，命藏之，曰："尔曹生于膏粱⑤，当知尔父起家如此也。"

---

① 镞(zú):箭头。
② 少:年轻时。
③ 极:达到。
④ 出:逃离。
⑤ 膏粱:精美的商品，比喻富贵之家。

译文

李存审出身贫寒低贱，因此经常告诫几个儿子说：“你们的父亲年轻时，拿着一把剑离开故乡，四十年来，官职升到了将相这么大，这期间出生入死的事情不知有多少次，剖开骨肉取出箭头的事也为数甚多。”于是把过去从身上拔出的箭头拿出来，让他们收藏起来，说：“你们生在富贵的家庭，应该要知道你们父亲当年是怎么创下这个家业的。”

姚坦直言

《宋史·列传第三十六》

王尝于邸中为假山，费数百万，既成，召宾僚乐饮，置酒共观之。坦独俯首，王强①使视之，曰：“但见血山耳，安得假山！”王惊问故，坦曰：“在田舍时，见州县催租，捕人父子兄弟，送县鞭笞②，流血被体。此假山皆民租税所为，非血山而何？”是时太宗亦为假山，闻而毁之。

---

① 强：强迫。

② 笞：用鞭、杖、竹板抽打。

译文

益王曾经在官邸中造假山，花费几百万，建成以后，召集宾客僚属一同饮酒观赏。只有姚坦低下了头不去看，益王强迫他观看，他说："我只看见血山罢了，哪有假山！"益王大惊，询问缘故，姚坦说："我以前在乡里，亲眼看到州县为了催交租税，逮捕人家的父子兄弟，送到县衙鞭打，以致他们浑身是血。这些假山都是用百姓的租税所建成的，不是血山又是什么？"这时宋太宗也在造假山，听说后毁掉了假山。

“殿上虎”刘安世

《宋史·列传第一百四》

安世仪状魁硕，音吐如钟。初除[①]谏官，未拜命，入白[②]母曰：“朝廷不以安世不肖[③]，使在言路。倘居其官，须明目张胆，以身任责，脱[④]有触忤，祸谴立至。主上[⑤]方以孝治天下，若以老母辞，当可免。”母曰：“不然。吾闻谏官为天子诤[⑥]臣，

① 除：任命，授职。
② 白：说，告诉。
③ 不肖：没才能，常用作自谦之词。
④ 脱：如果。
⑤ 主上：指皇帝。
⑥ 诤：直言规劝。

汝父平生欲为之而弗得，汝幸居此地，当捐身以报国恩。正得罪流放，无问远近，吾当从汝所之。”于是受命。在职累岁，正色立朝，扶持公道。其面折廷争，或帝盛怒，则执简却立，伺怒稍解，复前抗辞。旁侍者远观，蓄缩悚汗[7]，目之曰“殿上虎”，一时无不敬慑。

---

⑦ 抗辞:直言批评。

译文

刘安世仪表魁伟，声如洪钟。当初他刚刚被任命做谏官，还没有接受任命，回家对母亲说："朝廷不认为我没有才能，让我任谏官。倘若当了这个官，必须眼明胆大，负起责任，如果有所触犯，祸患马上就会来到。皇上正以孝治理天下，如果因为母亲年老而推辞，应当能够避免任此官职。"母亲说："不是这样的，我听说谏官是天子的直言之臣，你父亲一生想任此官却没得到机会，你有幸能得到这个官位，应当献身报答国恩。如果因获罪被流放，不管远近，我都会跟着你去所去的地方。"刘安世于是接受任命。做谏官许多年，神色严肃地立于朝堂之上，主持公道。他当面谏诤，有时皇上大怒，他就执简退站在一旁，等皇上的怒气稍微平息，又上前激烈陈辞。侍臣在远处观望，缩着头颈吓出冷汗，把他看作"殿上虎"，当时的人没有不敬畏他的。

陈禾进谏

《宋史·列传第一百二十二》

时童贯权益张①，与黄经臣胥用事，御史中丞卢航表里为奸，搢绅②侧目。禾曰："此国家安危之本也。吾位言责，此而不言，一迁③给舍，则非其职矣。"未拜命，首抗疏劾贯。复劾经臣："怙④宠弄权，夸炫朝列。每云诏令皆出其手，言上将用某人，举某事，已而诏下，悉如其言。夫发号施令，国之重事，黜幽陟明⑤，天子大权，奈何使宦寺得与？臣之所忧，不独经臣，此涂一开，类进者众，国家之祸，有不可遏，愿亟窜之远方。"

① 张：嚣张。
② 搢(jìn)绅：同"缙绅"，指官员。
③ 迁：晋升或调动官职。
④ 怙(hù)：依恃。
⑤ 黜幽陟(zhì)明：指黜退昏愚的官员，晋升贤明的官员。

论奏未终，上拂衣起。禾引上衣，请毕其说。衣裾落，上曰："正言碎朕衣矣。"禾言："陛下不惜碎衣，臣岂惜碎首以报陛下？此曹今日受富贵之利，陛下他日受危亡之祸。"言愈切，上变色曰："卿能如此，朕复何忧？"内侍请上易衣，上却之曰："留以旌[6]直臣。"

---

⑥ 旌：表彰。

译文

当时童贯的权势更加嚣张，与黄经臣共同把持朝政，御史中丞卢航与他们内外勾结，大臣们都对此愤恨不已。陈禾说：“这是国家安危的根本。我身居言官之位，对此不发表意见，一旦调任给事中或中书舍人，这些就不是我职权之内的事了。”还没有接受任命，首先上疏弹劾童贯。又弹劾黄经臣说：“黄经臣依恃恩宠玩弄权力，在朝官们面前夸耀。常常说诏令都出自他的手，说皇上打算任用某人，要办某件事，不久诏书下达，都像他所说的那样。颁布诏书命令，是国家的重大政事，黜退昏愚的官员，晋升贤明的官员，是皇帝的大权，为什么让宦官参与？我所忧虑的，不仅是黄经臣，这条途径一打开，此类升进的人多了，是国家的祸患，不能遏制其发展之势，希望赶紧把他流放到边远地方。”

奏论还未结束，皇上就愤怒起身。陈禾拉着皇上的衣服，请求让自己说完。衣袖脱落，皇上说："你严正的言辞扯破我的衣服了。"陈禾说："陛下不顾惜衣服被扯破，我怎能顾惜头颅来报答陛下？他们今天享受富贵的好处，陛下日后会遭受国家危亡的祸患。"言辞愈加恳切，皇上为之正色说："你能做到这样，我还忧虑什么呢？"内侍请皇上换衣，皇上阻止他们说："留着表彰忠直之臣。"

海瑞罢官

《明史·列传第一百十四》

时世宗享国日久，不视朝，深居西苑，专意斋醮[1]。督抚大吏争上符瑞，礼官辄表贺。廷臣自杨最、杨爵[2]得罪后，无敢言时政者。四十五年二月，瑞独上疏。

帝得疏，大怒，抵[3]之地，顾左右曰："趣[4]执之，无使得遁！"宦官黄锦在侧曰："此人素有痴名。闻其上疏时，自知触忤当死，市[5]一棺，诀妻子，待罪于朝，僮仆亦奔散无留者，是不遁也。"帝默然。少顷复取读之，日再三[6]，为感动太息，留中者数月。尝曰："此人可方比干，第[7]朕非纣耳。"

① 斋醮(jiào)：道教一种设坛祭祷的仪式。

② 杨最、杨爵：杨最上疏犯颜直谏，坐罪处死。杨爵上疏直谏，立下诏狱。

③ 抵：扔。

④ 趣：赶快。

⑤ 市：买。

⑥ 三：虚指，指多次。

⑦ 第：但。

译文

当时世宗在位时间已久，不临朝，深居在西苑，专心一意地请僧人道士设斋坛祭祀，向神佛祈祷。督抚大官争着呈送吉祥之物，礼官就上表祝贺。朝廷中的臣子自从杨最、杨爵获罪以后，没有敢进言时政的人了。嘉靖四十五年二月，海瑞独自上奏章。

皇帝拿到奏章，非常生气，把奏章扔到地上，回头对左右的人说："赶快抓住他，不要让他逃掉！"宦官黄锦在旁边说："这个人一向有痴的名号。听说他上奏章时，自己知道触犯圣上应当死，买了一口棺材，诀别妻子儿女，在朝廷上等待治罪，僮仆也已经奔散而没有留下的，这样子是不会逃跑的。"皇帝沉默不言语。过一会儿又拿起奏章来读，一天读了好几遍，被感动得叹息，奏章留在司礼监几个月。（皇帝）曾说："这人可以和比干比拟，但是朕不是纣王啊。"

肆

品性·情义

子罕辞玉

《左传·襄公十五年》

宋人或[1]得玉，献诸子罕。子罕弗受。献玉者曰："以示玉人，玉人以为宝也，故敢献之。"子罕曰："我以不贪为宝，尔以玉为宝，若以与我，皆丧宝也，不若人有其宝。"稽首而告，曰："小人怀璧，不可以越乡[2]。纳此以请死也。"子罕置诸其里，使玉人为之攻之，富而后使复其所。

---

① 或：有人。

② 越乡：走出自己乡里。

译文

宋国有个人得到块宝玉，把它献给子罕。子罕不接受。献玉的人说："我把这玉给玉工看，玉工认为是块宝玉，所以胆敢献给您。"子罕说："我以不贪婪为宝，你以玉为宝，如果把玉给了我，我们俩都丧失了宝物，不如各人保有各人的宝物。"献玉的人叩头禀告说："小人怀藏玉璧，不能够走出自己的乡里。请让我献纳这块宝玉以保全性命。"子罕把他安顿在自己的乡里，让玉人为他雕琢宝玉，卖了富有了后让他回到他的家乡去。

介之推不言禄

《左传·僖公二十四年》

晋侯赏从亡[①]者，介之推不言禄，禄亦弗及。推曰："献公之子九人，唯君在矣。惠、怀无亲，外内弃之。天未绝晋，必将有主。主晋祀者，非君而谁？天实置之，而二三子以为己力，不亦诬乎？窃人之财，犹谓之盗，况贪天之功以为己力乎？下义其罪，上赏其奸，上下相蒙[②]，难与处矣。"其母曰：

① 亡：逃亡。

② 蒙：欺骗。

"盍亦求之？以死谁怼[③]？"对曰："尤[④]而效之，罪又甚焉。且出怨言，不食其食。"其母曰："亦使知之，若何？"对曰："言，身之文也。身将隐，焉用文之？是求显也。"其母曰："能如是乎？与汝偕隐。"遂隐而死。

---

③ 怼：怨恨。
④ 尤：过失，罪过。

译文

晋文公赏赐跟随他逃亡的人，介之推不称功求禄赏，禄赏也没有轮到他。介之推说：“献公的九个儿子，只有国君还在世。惠公、怀公没有亲近的人，国内国外的人都抛弃他们。上天不绝晋国，必定会有君主。主持晋国祭祀的人，不是国君又是谁？这实在是上天的安排，而这几个人却以为是他们的力量，这不是欺罔吗？偷别人的财物，尚且称之为盗，何况贪天之功以为自己的力量呢？下面的人把罪过当作合乎义，上面的人对这欺骗行为加以赏赐，上下互相欺骗，这就难以和他们相处了！”介之推的母亲说：“你为什么不也去要求赏赐呢？不求而死，将能怨恨谁？”介之推回答说：“明知是错的而又效仿他们，罪就更大了。而且我既口出怨言，不能再接受他的俸禄了。”介之推的母亲说：“也让他知道一下，怎么样？”介之推回答说：“言语，是身体的装饰。身体将要隐居了，还要装饰它吗？这样是乞求显贵啊。”他母亲说：“你能做到这样吗？那么我和你一起隐居。”于是隐居到死去。

祁奚荐贤

《吕氏春秋·孟春纪·去私》

晋平公问于祁黄羊[1]曰："南阳无令[2]，其谁可而为之？"祁黄羊对曰："解狐可。"平公曰："解狐非子之雠[3]邪？"对曰："君问可，非问臣之雠也。"平公曰："善。"遂用之。国人称善焉。居有间[4]，平公又问祁黄羊曰："国无尉，其谁可而为之？"对曰："午[5]可。"平公曰："午非子之子邪？"对曰："君问可，非问臣之子也。"平公曰："善。"又遂用之。国人称善焉。

孔子闻之曰："善哉！祁黄羊之论也。外举不避雠，内举不避子，祁黄羊可谓公矣。"

---

① 祁黄羊：晋大夫，名奚(xī)，字黄羊。
② 令：县令。
③ 雠(chóu)：仇敌。
④ 居有间：过了一段时间。
⑤ 午：祁午，祁黄羊的儿子。

译文

晋平公问祁黄羊说："南阳没有县令，您看谁适合担任这个职务？"祁黄羊回答说："解狐可以。"平公说："解狐不是您的仇人吗？"祁黄羊回答说："您问的是谁适合担任这个职务，不是问我的仇人是谁。"平公说："说得好！"于是任用了解狐为南阳令。国人对此交口称赞。过了一段时间，平公又问祁黄羊说："国家缺个军尉，您看谁适合担任这个职务？"祁黄羊回答说："祁午可以。"平公说："祁午不是您的儿子吗？"祁黄羊回答说："您问的是谁适合担任这个职务，不是问我的儿子是谁。"平公说："说得好！"于是又任用了祁午为军尉。国人又交口称赞。

孔子听到了这件事，说："祁黄羊这些话真是太好了！推荐贤能，外不避其仇，内不避其子，祁黄羊可以称得上公正无私了。"

腹䵍大义灭亲

《吕氏春秋·孟春纪·去私》

墨者有巨子[①]腹䵍[②]，居秦，其子杀人。秦惠王曰："先生之年长矣，非有他子[③]也，寡人已令吏弗诛矣，先生之以此听寡人也。"腹䵍对曰："墨者之法曰：'杀人者死，伤人者刑。'此所以[④]禁杀伤人也。夫禁杀伤人者，天下之大义也。王虽为之赐，而令吏弗诛，腹䵍不可不行墨子之法。"不许[⑤]惠王，而遂杀之。子，人之所私[⑥]也。忍所私以行大义，巨子可谓公矣。

---

① 巨子：犹言大师。

② 腹䵍（tūn）：人名。

③ 他子：另外的儿子。

④ 所以：用来。

⑤ 许：同意，答应。

⑥ 私：偏爱。

译文

墨家有个大师腹䵍住在秦国,他的儿子杀了人。秦惠王对腹䵍说:“先生您的年纪已经很大了,又没有另外的儿子,我已经下令让官吏别杀他了,希望先生您在这件事上听从我的话吧。”腹䵍回答说:“墨家的法律规定:‘杀人者处死,伤人者受刑。’这样做为的是严禁杀人、伤人。严禁杀人、伤人,这是天下的大义。大王您虽然赐给我恩惠,让官吏别杀我的儿子,但是我腹䵍却不可不执行墨家的法律。”腹䵍没有答应惠王,于是他的儿子就被依法处死了。儿子是人们所偏爱的,墨家大师腹䵍忍心杀掉自己心爱的儿子去遵行天下大义,可算得上公正无私了。

燕丹留樊将军

《资治通鉴·秦纪》

燕太子丹怨王，欲报之，以问其傅鞠武。鞠武请西约三晋，南连齐、楚，北媾[①]匈奴以图秦。太子曰："太傅之计，旷日弥久，令人心惛然[②]，恐不能须[③]也。"顷之，将军樊於期得罪，亡之燕，太子受而舍之。鞠武谏曰："夫以秦王之暴而积怒于燕，足为寒心，又况闻樊将军之所在乎！是谓委肉当饿虎之蹊[④]也。愿太子疾遣樊将军入匈奴。"太子曰："樊将军穷困于天下，归身于丹，是固丹命卒之时也，愿更虑之。"

---

① 媾(gòu)：交好。

② 惛(hūn)然：迷乱，这里指鞠武的计策耗时较长，太子因不能马上报仇而感到着急。

③ 须：等待。

④ 蹊(xī)：小路。

译文

燕国太子丹怨恨秦王，想要报仇，就向他的老师鞠武请教。鞠武提出要向西联合赵、魏、韩三国，向南联合齐、楚两国，向北向匈奴交好，借此图谋秦国。太子丹说：“老师的计策拖延的时日太长，让人心急，恐怕不能等啊。”不久后，秦国将军樊於期获罪，逃到燕国，太子丹收留了他，让他住到客舍里。鞠武进谏说：“秦王本来就很凶暴，又对燕国的积怨很深，这就足以叫人担惊受怕了，更何况听到樊将军在燕国呢！这就是所说的把肉扔在饿虎出没的小路上。希望太子你赶快把樊将军送到匈奴那里。”太子丹说：“樊将军走投无路了，前来投奔我，这正是我该拼死保护他的时候，请想别的办法吧！”

闵仲叔辞侯霸

《后汉书·列传第四十三》

太原闵仲叔者，世称节士[1]，虽周党[2]之洁清，自以弗及也。党见其含菽[3]饮水，遗[4]以生蒜，受而不食。建武中，应司徒侯霸之辟[5]。既至，霸不及[6]政事，徒劳苦而已。仲叔恨[7]曰："始蒙嘉命，且喜且惧；今见明公[8]，喜惧皆去。以仲叔为不足问邪，不当辟也。辟而不问，是失人[9]也。"遂辞出，投劾[10]而去。

---

① 节士：有节操的人。

② 周党：字伯况。闵仲叔同郡人。

③ 含菽（shū）：吃豆类食品。

④ 遗：送给。

⑤ 辟：征召。

⑥ 不及：不谈及。

⑦ 恨：遗憾，后悔。

⑧ 明公：对位尊者的敬称。

⑨ 失人：对人认识不清。

⑩ 劾（hé）：揭发罪行的文书。

译文

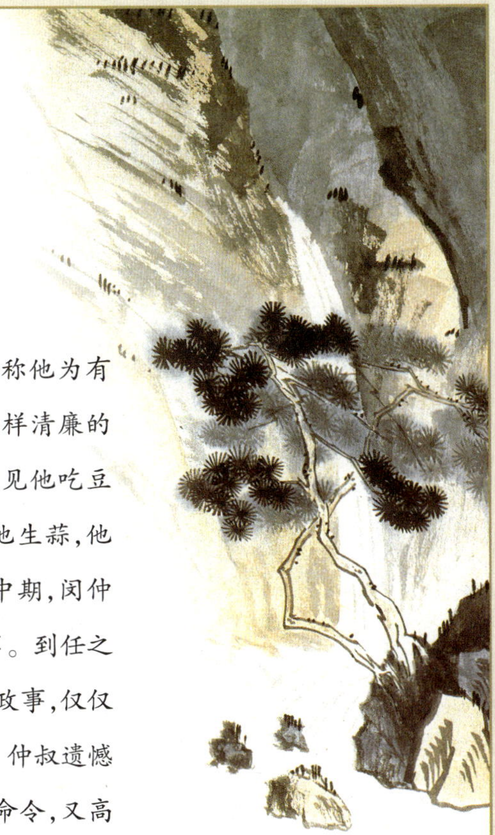

太原的闵仲叔，世人称他为有节操的人，即使像周党那样清廉的人，也自认为不如。周党见他吃豆类食物，喝清水，便送给他生蒜，他接受了却没有吃。建武中期，闵仲叔接受了司徒侯霸的征召。到任之后，司徒侯霸不与他谈及政事，仅仅说些寒暄慰问的话罢了。仲叔遗憾地说："起初接到征召的命令，又高兴又害怕；现在见到您，高兴和害怕都消失了。如果是因仲叔不值得一问呢，当初就不该征召。召而不问，是对人认识不清。"于是他辞去官职，上奏弹劾自己的文书后离去。

糟糠之妻不下堂（宋弘）

《后汉书·列传第十六》

时帝姊湖阳公主新寡，帝与共论朝臣，微[1]观其意。主曰："宋公威容德器，群臣莫及。"帝曰："方且图[2]之。"后弘被引见，帝令主坐屏风后，因谓弘曰："谚言'贵易交，富易妻'，人情乎？"弘曰："臣闻'贫贱之知不可忘，糟糠之妻不下堂'。"帝顾谓主曰："事不谐[3]矣。"

---

① 微：暗中，悄悄。
② 图：想办法。
③ 谐：成，谈妥或办妥。

译文

当时皇上的姐姐湖阳公主刚死了丈夫，皇上和她一起议论朝廷大臣，暗中观察公主的心意。公主说："宋公的威仪相貌，道德气度，各位大臣没有人能赶得上他。"皇上说："我来想想办法。"后来宋弘被召见，皇上让公主坐在屏风后面，然后对宋弘说："俗话说'地位尊贵了就换朋友，家中有钱了就换妻子'，这是人之常情吗？"宋弘说："我听说'卑贱时的朋友不能忘，共患难的妻子不能分离'。"皇上回头对公主说："这事办不成了。"

范式言而有信

《后汉书·独行列传第七十一》

范式，字巨卿，山阳金乡人也，一名氾[1]。少游太学，为诸生，与汝南张劭[2]为友。劭，字元伯。二人并告归乡里。式谓元伯曰："后二年当还，将过拜尊亲，见孺子焉。"乃共克期日。后期方[3]至，元伯具以白[4]母，请设馔[5]以候之。母曰："二年之别，千里结言，尔何相信之审[6]邪？"对曰："巨卿信士，必不乖违[7]。"母曰："若然，当为尔酝酒[8]。"至其日，巨卿果到，升堂拜饮，尽欢而别。

---

① 氾(fàn)：范式的别名。

② 张劭(shào)：人名。

③ 方：将要。

④ 白：说，告诉。

⑤ 馔(zhuàn)：酒食。

⑥ 审：认真。

⑦ 乖违：违背，这里指失约。

⑧ 酝(yùn)酒：酿酒。

译文

范式，字巨卿，山阳郡金乡县人，又名汜。他年少时到太学游学，成为儒生，同汝南人张劭结成朋友。张劭，字元伯。两人一起告假回家乡。范式对元伯说：“两年后我要回京城，将去拜见您的父母，看看您的孩子。”然后就一起约定了日子。后来约定的日子快到了，元伯将事情全都告诉了母亲，请母亲准备好酒食等候范式。母亲说：“分开两年，千里之外约定的事情，你为什么这么相信他呢？”元伯回答：“巨卿是守信用的人，一定不会失约。”母亲说：“如果真是这样，就该为你们酿酒。”到约定的那天，巨卿果然来了，到堂上互拜对饮，尽情欢乐后才相互告别。

陈蕃愿扫除天下

《后汉书·列传第五十六》

陈蕃，字仲举，汝南平舆人也。祖河东太守。蕃年十五，尝闲处一室，而庭宇芜秽。父友同郡薛勤来候[①]之，谓蕃曰："孺子[②]何不洒扫以待宾客？"蕃曰："大丈夫处世，当扫除天下，安事一室乎！"勤知其有清世志，甚奇之。

① 候：问候，看望。
② 孺子：小伙子。

译文

陈蕃，字仲举，汝南群平舆县人。祖父曾任河东太守。陈蕃十五岁时，曾独自住在一间屋里，但房舍杂乱污秽。他父亲同郡的朋友薛勤来看望他，对陈蕃说：“小伙子为什么不清扫房间来接待宾客？”陈蕃说：“大丈夫活在世上，应当以扫除天下的坏事为己任，哪能做清扫一间屋的事！”薛勤明白他有治理天下的志向，感到非常惊奇。

班超投笔从戎

《后汉书·列传第三十七》

班超字仲升，扶风平陵人，徐令①彪之少子也。为人有大志，不修②细节。然内③孝谨，居家常执勤苦，不耻劳辱。有口辩，而涉猎书传。永平五年，兄固被召诣④校书郎，超与母随至洛阳。家贫，常为官佣书⑤以供养。久劳苦，尝辍业投笔叹曰：“大丈夫无它志略，犹当效傅介子、张骞立功异域，以取封侯，安能久事笔研⑥间乎？”左右皆笑之。超曰：“小子安知壮士志哉！”

---

① 徐令：徐县县令。
② 修：讲究。
③ 内：内心。
④ 诣：到。
⑤ 为官佣书：被官府雇佣抄写书籍之类。
⑥ 研：同“砚”。

译文

班超，字仲升，扶风郡平陵县人，是徐县县令班彪的小儿子。他为人胸有大志，不讲究细节。然而内心却孝顺恭谨，在家时操持家务常常勤恳努力，不以辛劳为耻辱。他能言善辩，而且涉猎许多历史典籍。永平五年，兄长班固受朝廷征召去任校书郎，班超与母亲跟随他来到洛阳。家中贫穷，班超常为官府抄书供养母亲。他长期劳苦，曾停下手中的工作，将笔扔在一边叹息说："大丈夫没有别的志向谋略，也应该效仿傅介子、张骞在他乡建立功业，以此得以封侯，怎能长久从事这种抄写工作呢？"身边的人都嘲笑他。班超说："小子怎能理解壮士的志向！"

梁鸿尚节

《后汉书·逸民列传第七十三》

家贫而尚节介，博览无不通，而不为章句[1]。学毕，乃牧豕[2]于上林苑[3]中。曾误遗火延及它舍，鸿乃寻访烧者，问所去失，悉以豕偿之。其主犹以为少。鸿曰："无它财，愿以身居作。"主人许之。因为执勤，不懈朝夕。邻家耆老[4]见鸿非恒人，乃共责让[5]主人，而称鸿长者。于是始敬异焉，悉还其豕。鸿不受而去，归乡里。

① 章句：研究分析古书章节句读。
② 豕（shǐ）：猪。
③ 上林苑：皇家园林。
④ 耆（qí）老：老年人。
⑤ 让：批评，责备。

译文

梁鸿虽家中贫寒但崇尚节操，博览群书无所不通，但不研究章句的学问。学业结束后，他就在上林苑中养猪。曾经不小心失火烧了别人的房屋，梁鸿于是寻访被烧的人家，询问损失情况，把猪全部赔偿给了人家。那家主人还嫌不够，梁鸿说："我没有其他财产，愿意用自己的身体做工来抵。"主人答应了。梁鸿就为这家人劳作，从早到晚不懈怠。邻居家的老人们见梁鸿并非一般人，就一同责备这家主人，并且称赞梁鸿是一个性情谨厚的人。从此这家主人才开始敬重梁鸿，觉得他很特别，将猪全部还给了他。梁鸿没有接受就离开了，后回到家乡。

刘宽不校

《后汉书·列传第十五》

刘宽字文饶，弘农华阴人也。父崎，顺帝时为司徒。宽尝行，有人失牛者，乃就宽车中认之。宽无所言，下驾步归。有顷[1]，认者得牛而送还，叩头谢[2]曰："惭负[3]长者，随所刑罪。"宽曰："物有相类[4]，事容脱误[5]，幸劳见归，何为谢之？"州里服其不校。

---

① 有顷：不久。

② 谢：道歉。

③ 负：对不起。

④ 类：类似。

⑤ 脱误：疏忽失误。

译文

刘宽，字文饶，弘农郡华阴县人。父亲刘崎，顺帝时任司徒。刘宽曾乘牛车出行，有个丢了牛的人，竟指认刘宽的驾车牛是他丢失的牛。刘宽没有说什么，卸下牛交给他步行而归。不久，认错牛的人找到了自己的牛，又送还刘宽的牛，那人磕头道歉说："愧对长者，我随您怎么治我的罪。"刘宽说："东西有相像的，事情也允许有疏忽失误，劳烦你还给我牛，为什么要道歉呢？"州里的人都佩服他的不计较。

范元琰为人善良

《南史·隐逸列传第六十六》

家贫，唯以园蔬为业。尝出行，见人盗其菘[1]，元琰遽[2]退走。母问其故，具以实答。母问盗者为谁，答曰："向所以退，畏其愧耻，今启[3]其名，愿不泄也。"于是母子秘之。或有涉沟盗其笋者，元琰因伐木为桥以度之，自是盗者大惭，一乡无复草窃。

① 菘(sōng)：白菜。

② 遽(jù)：急忙。

③ 启：说出。

译文

范元琰家中贫困，只以种植蔬菜维持生计。曾经出门，看见有人偷他家的白菜，元琰急忙转身跑回家。母亲问是什么缘故，元琰把实情全部告诉母亲。母亲问偷菜的是什么人，他回答说：“刚才之所以要离开，是怕他感到羞愧耻辱，现在我把说出的名字，请您不要向别人泄露。”于是母子二人共同保守这个秘密。有时有人涉过园外的水沟来偷竹笋，元琰就砍树搭桥来让偷笋的人通过。从此小偷们感到非常惭愧，全乡再也没有小偷小摸的现象。

杨震暮夜却[1]金

《后汉书·列传第四十四》

大将军邓骘(zhì)闻其贤而辟[2]之，举茂才，四迁荆州刺史、东莱太守。当之[3]郡，道经昌邑，故所举荆州茂才王密为昌邑令，谒见，至夜怀金十斤以遗震。震曰："故人知君，君不知故人，何也？"密曰："暮夜无知者。"震曰："天知，神知，我知，子知。何谓无知！"密愧而出。后转涿郡太守。性公廉，不受私谒。子孙常蔬食步行，故旧长者或欲令为开产业，震不肯，曰："使后世称为清白吏子孙，以此遗之，不亦厚乎！"

---

① 却：推辞。
② 辟：征召。
③ 之：到，往。

译文

大将军邓骘听说杨震的贤德而征召他，推举他为茂才，四次升迁至荆州刺史、东莱太守。当杨震到东莱群赴任时，路上经过昌邑县，以前他所推举的荆州茂才王密正任昌邑令，王密前来谒见他，到夜晚怀揣十斤金子送给杨震。杨震说："身为老朋友，我了解你，你却不了解我，为什么？"王密说："深夜没有人知道这件事。"杨震说："天知，神知，我知，你知。怎能说没人知道！"王密惭愧地离开了。（杨震）后来又调任涿郡太守。他生性公正廉洁，不接受私事请托。他的子孙常常吃青菜淡饭，出门都走路，旧友长辈中有人想让他替子孙置办一些产业，杨震不肯，说："让后代人说他们是清官的子孙，把这留给他们，不是也很丰厚吗？"

陆绩怀橘

《三国志·吴志十二》

陆绩字公纪，吴郡吴人也。父康，汉末为庐江太守。绩年六岁，于九江见袁术。术出橘，绩怀三枚，去[①]，拜辞堕地，术谓曰："陆郎作宾客而怀橘乎？"绩跪答曰："欲归遗[②]母。"术大奇之。

---

① 去：离开。

② 遗：送给。

译文

陆绩，字公纪，吴郡吴县人。他的父亲陆康，汉代末年任庐江太守。陆绩六岁时，在九江拜见袁术。袁术拿出橘子招待，陆绩拿了三个放在怀里，离开时，跪拜告辞，橘子掉到地上，袁术对他说："陆郎做客却怀里藏橘子吗？"陆绩跪着回答说："想回去送给母亲。"袁术对此非常惊奇。

关羽刮骨疗毒

《三国志·蜀志六》

羽尝为流矢[1]所中，贯[2]其左臂，后创虽愈，每至阴雨，骨常疼痛。医曰：“矢镞[3]有毒，毒入于骨，当破臂作创，刮骨去毒，然后此患乃除耳。”羽便伸臂令医劈之。时羽适请诸将饮食相对，臂血流离，盈于盘器，而羽割炙[4]引酒，言笑自若。

---

① 矢：箭。

② 贯：贯穿，穿透。

③ 镞（zú）：箭头。

④ 炙：烤熟的肉。

译文

关羽曾经被流箭射中，左臂被射穿，后来伤口虽然愈合，但每到阴天下雨时，骨头常常疼痛。医生说："箭头有毒，毒渗入了骨头中，应该割开左臂上的伤口，刮去骨头上的毒，然后这病痛才会消除。"关羽随即伸出左臂让医生割开伤口。当时关羽正与诸位将领聚坐就餐，手臂上鲜血淋漓，流满了接血的盘子，而关羽仍然割肉喝酒，谈笑自如。

先主托孤（诸葛亮）

《三国志·蜀志五》

章武三年春，先主于永安病笃[1]，召亮于成都，属以后事，谓亮曰："君才十倍曹丕，必能安国，终定大事。若嗣子可辅，辅之；如其不才，君可自取。"亮涕泣曰："臣敢竭股肱之力[2]，效忠贞之节，继之以死！"先主又为诏敕后主曰："汝与丞相从事，事之如父。"

---

① 病笃（dǔ）：病危。

② 股肱（gōng）之力：自己所有的力量，形容做事竭尽全力。股肱，大腿和胳膊。

译文

章武三年春季，刘备在永安病危，把诸葛亮从成都召来，将后事嘱托给他。刘备对诸葛亮说："您的才能比曹丕强十倍，一定能安定国家，最终完成统一大业。如果继位的刘禅可以辅佐，您就辅佐他；如果他不成才，您可以自己取而代之。"诸葛亮流着泪说："臣怎会不竭尽辅佐之力，效法古人忠贞的节操，一直到死！"刘备又写下诏书告诫后主刘禅说："你和丞相共同处理国事，要像对父亲一样侍奉他。"

张飞义释严颜

《三国志·蜀志六》

至江州，破璋[1]将巴郡太守严颜，生获颜。飞呵颜曰：“大军至，何以不降而敢拒战？”颜答曰：“卿等无状，侵夺我州，我州但有断头将军，无有降将军也。”飞怒，令左右牵去斫[2]头，颜色不变，曰：“斫头便斫头，何为怒邪！”飞壮而释之，引为宾客。

① 璋：刘璋。东汉末年宗室，益州牧刘焉之子，在刘焉死后继任益州牧。
② 斫（zhuó）：砍。

译文

（张飞）来到江州，打败了刘璋的部将巴郡太守严颜，活捉了他。张飞责问严颜说：“我大军来到这里，你为什么不投降而竟敢抵抗？”严颜回答说：“你们毫不讲理，侵占我们的州郡，我们州中只有断头将军，没有投降将军。”张飞非常生气，命令身边的人把他拉下去砍头，严颜面不改色，说：“砍头就砍头，发什么火呢！”张飞钦佩他勇敢就放了他，并让他做了座上宾。

荀灌救父

《晋书·列女列传第六十六》

荀崧小女灌，幼有奇节[①]。崧为襄城太守，为杜曾所围，力弱食尽，欲求救于故吏平南将军石览，计无从出[②]。灌时年十三，乃率勇士数十人，逾城[③]突围夜出。贼追甚急，灌督厉[④]将士，且战且前，得入鲁阳山[⑤]获免。自诣[⑥]览乞师[⑦]，又为崧书[⑧]与南中郎将周访请援，仍结为兄弟，访即遣子抚率三千人会[⑨]石览俱救崧。贼闻兵至，散走，灌之力也。

---

① 奇节：特出的操行，指智勇过人。
② 计无从出：想不出突围求救的办法。
③ 逾城：翻越城墙。
④ 督厉：指挥激励。厉，同“励”。
⑤ 鲁阳山：在今河南鲁山县北。距襄城一百里。
⑥ 诣：进见。
⑦ 乞师：讨救兵。
⑧ 为崧（sōng）书：代父亲荀崧写信。
⑨ 会：会和。

译文

荀崧的小女儿荀灌，从小就智勇过人。荀崧当襄城太守时，被杜曾包围，城中兵力薄弱，粮食将尽，他想向老部下平南将军石览求救，但想不出突围求救的办法。当时荀灌年仅十三岁，竟然率领数十个勇士，在夜里翻越城墙突围出去。逆贼追赶得非常急迫，荀灌指挥并勉励将士，一边战斗一边前行，进入鲁阳山才摆脱追击。她亲自进见石览讨救兵，并且以父亲的名义写信给南中郎将周访请求支援，并与周访结为兄弟。周访立即派儿子周抚率领三千人马与石览会和一同去救荀崧。逆贼听说军队到了，四散而去，这都是荀灌的功劳。

李密孝祖母

《晋书·孝友列传第五十八》

李密字令伯，犍为[1]武阳人也，一名虔。父早亡，母何氏改醮[2]。密时年数岁，感恋弥至，烝烝[3]之性，遂以成疾。祖母刘氏，躬自[4]抚养，密奉事以孝谨闻。刘氏有疾，则涕泣侧息[5]，未尝解衣，饮膳汤药必先尝后进。有暇则讲学忘疲，而师事谯周[6]，周门人方之游夏[7]。

少仕蜀，为郎。数使吴，有才辩，吴人称之。蜀平，泰始初，诏征为太子洗马。密以祖母年高，无人奉养，遂不应命。

---

① 犍(qián)为：地名。

② 改醮(jiào)：改嫁。

③ 烝烝：指孝德厚美。

④ 躬自：亲自。

⑤ 侧息：斜靠着休息。以示不敢安寝。

⑥ 谯(qiáo)周：人名。

⑦ 游夏：子游与子夏的并称。两人均为孔子学生，以文学著称。

译文

李密，字令伯，犍为郡武阳县人，又名虔。他的父亲很早就去世了，母亲何氏改嫁。当时李密只有几岁，他感伤眷念（双亲）备至，性情淳厚，以致思念成疾。祖母刘氏亲自抚养他，李密侍奉祖母以孝顺和恭敬闻名。刘氏一有病，他就哭泣，（只）斜靠着休息，从不脱衣安睡，饮食汤药必定先尝过后才端上去。有空就研究学问从不倦怠，并以谯周为老师，谯周的门人把他比作子游和子夏。

他年轻时在蜀汉做郎官。多次出使吴国，有才智机辩，吴人很欣赏他。蜀汉灭亡后，泰始初年，晋武帝下诏委任他为太子洗马。李密因为祖母年龄大，家中没有人奉养，就没有接受官职。

石勒不计前嫌

《资治通鉴·晋纪》

后赵王勒[1]悉召武乡耆旧[2]诣襄国[3]，与之共坐欢饮。初，勒微[4]时，与李阳邻居，数争沤麻[5]池相殴，阳由是独不敢来。勒曰："阳，壮士也；沤麻，布衣之恨。孤方兼容天下，岂仇匹夫乎！"遽召与饮，引阳臂曰："孤往日厌卿老拳，卿亦饱孤毒手。"因拜参军都尉。

---

① 后赵王勒：十六国时期后赵的建立者石勒。

② 耆（qí）旧：年高而有声望的人，故老。

③ 襄国：石勒建国于此。

④ 微：贫贱。

⑤ 沤（òu）麻：麻茎或麻皮加工的一种方法，先把它们放在水池里浸泡一段时间。

译文

后赵王石勒召请武乡所有有声望的老人前往襄国，同他们一起欢会饮酒。当初，石勒贫贱的时候，与李阳是邻居，多次为争夺沤麻池而相互殴打，所以只有李阳一个人不敢来。石勒说："李阳是个壮士，争沤麻池一事，那是我当平民百姓时结下的怨恨。我正准备兼并天下，怎么能记恨一个普通百姓呢？"立刻传召李阳，同他一起饮酒，还拉着他的臂膀说："我从前挨够了你的拳头，你也饱尝了我的毒手。"随后任命李阳做参军都尉。

颜真卿不屈

《新唐书·列传第七十八》

希烈乃拘真卿，守以甲士，掘方丈坎[①]于廷，传将坑之。真卿见希烈曰："死生分矣，何多为！"张伯仪败，希烈令赍旌节首级示真卿，真卿恸哭投地。会其党周曾、康秀林等谋袭希烈，奉真卿为帅，事泄，曾死，乃拘送真卿蔡州。真卿度必死，乃作遗表、墓志、祭文，指寝室西壁下曰："此吾殡所也。"希烈僭[②]称帝，使问仪式，对曰："老夫耄[③]矣，曾掌国礼，所记

---

① 坎：坑。

② 僭(jiàn)：僭越。

③ 耄(mào)：古代八九十岁称耄。

诸侯朝觐耳！”

兴元后，王师复振，贼虑变，遣将辛景臻、安华至其所，积薪于廷曰：“不能屈节，当焚死。”真卿起赴火，景臻等遽[4]止之。希烈弟希倩坐朱泚（cǐ）诛，希烈因发怒，使阉奴等害真卿，曰：“有诏。”真卿再拜。奴曰：“宜赐卿死。”曰：“老臣无状，罪当死，然使人何日长安来？”奴曰：“从大梁来。”骂曰：“乃逆贼耳，何诏云！”遂缢杀之，年七十六。

---

④ 遽（jù）：急忙。

译文

李希烈于是囚禁颜真卿，派士兵看守，在院中挖了一丈见方的大坑，扬言要活埋他。颜真卿见到李希烈说："死生天定，何必多此一举！"张伯仪战败，李希烈命人拿来旌节首级给颜真卿看，颜真卿大哭扑地。适值李希烈的同党周曾、康秀林等人图谋袭击李希烈，推举颜真卿为帅，事情泄露，

周曾死，于是将颜真卿押送到蔡州。颜真卿估计自己一定会遇害，于是撰写遗表、墓志、祭文，指着卧室西面墙壁之下说："这是我埋葬之处。"李希烈僭越称帝，派人来询问有关仪式，他回答说："老夫年纪大了，曾掌管朝廷礼仪，所记的只有诸侯朝见皇帝的礼仪！"

兴元以后，朝廷军威再次振兴，叛贼担心形势有变，派将领辛景臻、安华来到他的住处，在院中堆积柴草说："再不屈服，就烧死你。"颜真卿起身直入火中，辛景臻等人急忙拉住了他。李希烈的弟弟李希倩因为与朱泚同谋被诛杀，李希烈因此恼怒，派阉奴等人谋害颜真卿，说："有诏书。"颜真卿拜了两拜。阉奴说："应赐你死。"颜真卿说："老臣没有功，罪应处死，但使者何时从长安来？"阉奴说："从大梁来。"颜真卿骂道："你们是反贼，为何称诏书！"阉奴于是绞死了他，享年七十六岁。

以柳易播

《柳子厚墓志铭》

其[1]召至京师而复为刺史也，中山刘梦得禹锡[2]，亦在遣中，当诣播州[3]。子厚泣曰："播州非人所居，而梦得亲在堂[4]，吾不忍梦得之穷，无辞以白[5]其大人；且万无母子俱往理。"请于朝，将拜疏[6]，愿以柳易播，虽重得罪，死不恨。遇有以梦得事白上者，梦得于是改刺连州[7]。呜呼！士穷乃见[8]节义！

---

① 其：指代柳宗元，柳宗元，字子厚。柳宗元曾与刘禹锡等参加革新集团，失败后被贬为永州司马，后召回，又被贬为柳州刺史。

② 禹锡：刘禹锡，字梦得。

③ 播州：今贵州遵义一带。

④ 亲在堂：指老母还活着。

⑤ 白：说，告诉。

⑥ 拜疏：上书皇帝。

⑦ 连州：今广东连州市一带。

⑧ 见：同"现"。

译文

柳宗元被召回京师，又再次被遣出担任（柳州）刺史的时候，中山人刘禹锡（字梦得）也在遣出的人员之中，他应当前往播州。柳宗元哭着说：“播州不是人居住的地方，何况梦得家里又有老母亲，我不忍心看到梦得的困窘，他无法向老母亲交待，况且无论怎么说也没有母亲和儿子一道（被贬到荒远之地）去的道理。”他准备到朝廷去请求，给天子上书，愿意把自己要去的柳州与刘禹锡要去的播州对换，即使因此再次获罪，也死而无憾。恰好遇上有人将梦得的情况禀奏皇上，梦得因此而被改任为连州刺史。唉！读书人在困境中才能显出节操和道义。

范仲淹有志于天下

《宋名臣言行录》

范仲淹二岁而孤，母贫无依，再适①长山朱氏。既长，知其世家②，感泣辞母，去之③南都入学舍。昼夜苦学，五年未尝解衣就寝。或夜昏怠④，辄以水沃⑤面。往往馇粥⑥不充，日昃⑦始食，遂大通六经之旨，慨然有志于天下。常自诵曰："士当先天下之忧而忧，后天下之乐而乐也。"

---

① 适：嫁。
② 世家：家世。
③ 之：去，到……去。
④ 怠：疲倦。
⑤ 沃：洗。
⑥ 馇(zhān)粥：稠粥。
⑦ 日昃(zè)：太阳偏西。

译文

范仲淹两岁的时候父亲去世了，母亲贫穷，没有依靠，就改嫁到了长山的朱家。范仲淹长大以后，知道了自己的身世，含着眼泪告别母亲，去应天府的南部学舍读书。他日夜都认真读书，五年不曾脱去衣服睡觉。有时深夜疲倦，就用水洗脸。常常是白天苦读，什么也不吃，直到日头偏西才吃东西，就这样，他领悟了六经的主旨，慷慨激昂地立下了造福天下的志向。他常常自己吟诵道："读书人应在天下人担忧之前先担忧，在天下人快乐之后再快乐。"

吕蒙正不记人过

《宋史·列传第二十四》

蒙正初入朝堂，有朝士指之曰："此子亦参政耶？"蒙正阳①为不闻而过之。同列②不能平，诘③其姓名，蒙正遽④止之曰："若一知其姓名，则终身不能忘，不若毋知之为愈也。"时皆服其量⑤。

---

① 阳：同"佯"，假装。
② 同列：同僚。
③ 诘（jié）：责问，追问。
④ 遽（jù）：急忙。
⑤ 量：器量，肚量。

译文

吕蒙正初入朝堂，有朝士指着他说：“这小子也能当参知政事吗？”吕蒙正假装没有听到，从他身旁走过。同僚心中不平，追问他的姓名，吕蒙正急忙阻止他们说：“一旦知道他的姓名，就终身不能忘记，不如不知道为好。”当时的人都敬服他的器量。

苏轼守城

《宋史·列传第九十七》

徙[1]知徐州。河决曹村，泛于梁山泊，溢于南清河，汇于城下，涨不时[2]泄，城将败，富民争出避水。轼曰："富民出，民皆动摇，吾谁与守？吾在是，水决不能败城。"驱使复入。轼诣武卫营，呼卒长曰："河将害城，事急矣，虽禁军且为我尽力。"卒长曰："太守犹不避涂潦[3]，吾侪[4]小人，当效命。"率其徒持畚锸[5]以出，筑东南长堤，首起戏马台，尾属于城。雨日夜不止，城不沉者三版[6]。轼庐于其上，过家不入，使官吏分堵以守，卒全其城。

---

① 徙：调任。
② 不时：不及时。
③ 涂潦：道路泥泞积水。
④ 侪（chái）：同辈，同类的人。
⑤ 畚锸（běn chā）：指挖运泥土的用具。
⑥ 版：古代筑墙、砌坟用的木板，每块高二尺，三板为六尺。

译文

苏轼调任徐州知州。黄河在曹村决口，泛滥到梁山泊，又溢出南清河，汇集到徐州城下，水上涨如不及时排泄，城墙将要被冲毁，富裕的百姓争着出城逃避水患。苏轼说："富人出去避灾，百姓都动摇了，我和谁守城？我在这里，水一定不能冲塌城墙。"把富人重新赶进城去。苏轼到武卫营去，对卒长说："河水将冲毁城墙，事情紧急，你们虽然是禁军也要暂且为我效力。"卒长说："太守尚且不躲避水患，我们这些人，应当效命。"率领兵卒拿着畚箕铁锹出去，修筑东南长堤，从戏马台开始，一直到城墙为止。雨日夜不停，城墙还有六尺就要全被淹没。苏轼住在城墙上，路过家门也不进去，派官吏分段防守，最终保全了这座城。

伍

勤学·才智

庞葱与太子质于邯郸

《战国策·魏策二》

庞葱与太子质于邯郸，谓魏王曰："今一人言市[1]有虎，王信之乎？"王曰："否。""二人言市有虎，王信之乎？"王曰："寡人疑之矣。""三人言市有虎，王信之乎？"王曰："寡人信之矣。"庞葱曰："夫市之无虎明[2]矣，然而三人言而成虎。今邯郸去大梁也远于市，而议臣者过于三人矣。愿王察之矣。"王曰："寡人自为知。"于是辞行。而谗言先至，后太子罢质，果不得见。

---

① 市：集市。
② 明：明显。

译文

庞葱和魏太子一起到赵国的邯郸做人质，庞葱对魏王说：“现在有一人说集市上有老虎，大王会信吗？”魏王说：“不会相信。”庞葱又说：“有两个人说集市上有老虎，大王会相信吗？”魏王说：“我会半信半疑。”庞葱又问：“有三个人说集市上有老虎，大王相信吗？”魏王说：“我相信了。”庞葱说：“集市上没有老虎是很明显的事，但三个人说有就变成了真有老虎。现在邯郸距离大梁比王宫距离集市远多了，但说我坏话的人将远远超过三个。希望大王明辨啊！”魏王说：“我自己会判断。”于是庞葱辞别魏王而去。庞葱还在途中，诽谤他的话已传到魏王那里。等到魏太子归国后，庞葱果然没有再得到魏王召见。

苏秦刺股

《战国策·秦策一》

说[①]秦王书十上而说不行。黑貂之裘弊[②]，黄金百斤尽，资用乏绝，去[③]秦而归。羸[④]滕[⑤]履蹻[⑥]，负书担橐[⑦]，形容枯槁，面目黧黑，状有归色[⑧]。归至家，妻不下纴[⑨]，嫂不为炊，

---

① 说：游说。
② 弊：破，坏。
③ 去：离开。
④ 羸（léi）：缠绕。
⑤ 滕（téng）：绑腿布。
⑥ 蹻：草鞋。
⑦ 橐（tuó）：一种口袋。
⑧ 归：同“愧”。
⑨ 纴（rèn）：织布机。

父母不与言。苏秦喟叹曰："妻不以我为夫，嫂不以我为叔，父母不以我为子，是皆秦之罪也。"乃夜发书，陈箧[10]数十，得太公《阴符》之谋，伏而诵之，简练以为揣摩。读书欲睡，引锥自刺其股，血流至足，曰："安有说人主不能出其金玉锦绣，取卿相之尊者乎？"期年，揣摩成，曰："此真可以说当世之君矣！"

---

⑩ 箧（qiè）：书箱。

译文

苏秦游说秦惠王的奏章先后上了十次，意见始终未被采纳。他穿的黑貂皮衣破了，带的百斤黄金也用光了，生活费用失去了来源，只好离开秦国回家。他腿上缠着绑腿，脚穿草鞋，背着书箱，挑着行李，神情憔悴，面色黄黑，脸上显出羞愧的神色。回到家里，正在织布的妻子不下织机迎接，嫂子不肯替他烧火做饭，父母也不和他讲话。苏秦长叹道："妻子不把我当作丈夫，嫂子不把我当作小叔，父母不把我当作儿子，这都是我苏秦的过错啊！"当天晚上取出藏书，摆列开几十个书箱，找到一部姜太公写的叫《阴符》的谋略书，埋头苦读，选择精要处反复钻研。当读书困倦，睡意袭来的时候，他就用锥子猛扎自己的大腿，鲜血流到了脚跟。他自言自语地说："哪有去游说国君不能让他拿出金玉锦绣，取得卿相尊位的人呢？"经过一年，苏秦钻研有得，感觉良好，说："这次真可以说服当代各国的君主了！"

目不窥园(董仲舒)

《汉书·列传第二十六》

董仲舒,广川人也。少治[1]《春秋》,孝景时为博士。下帷讲诵,弟子传以久次相授业,或[2]莫见其面。盖三年不窥园,其精如此。进退容止,非礼不行,学士皆师尊之。

① 治:研究。
② 或:有人。

译文

董仲舒，广川人。年轻时研究《春秋》，汉景帝时当上了博士。他在室内挂上帷幕，坐在帷幕后面讲学，弟子们先入学的对后入学的传授学业，有的学生甚至没有见过他。董仲舒三年不看园圃，精心钻研学问到如此程度。他的进退仪容举止，不符合礼仪的不做，学士们都尊他为老师。

王充市肆博览

《后汉书·列传第三十九》

充少孤，乡里称孝。后到京师，受业太学[①]，师事扶风班彪。好博览而不守章句[②]。家贫无书，常游洛阳市肆，阅所卖书，一见辄能诵忆[③]，遂博通众流百家之言。后归乡里，屏居[④]教授[⑤]。

---

① 太学：汉朝设在京城的最高学府。
② 章句：研究和分析古书章节句读。
③ 忆：记住。
④ 屏居：隐居。
⑤ 教授：教学。

译文

王充少时丧父，乡里人都称赞他孝顺。后来他到了京师，在太学学习，拜扶风人班彪为师。他喜欢广泛阅读，且不拘泥于经文的章句之学。家里贫穷没有书，他就常到洛阳集市中的店铺走动，阅读那里卖的书，看一遍就能诵读并记在脑子里，于是博览精通众多流派和各家的学说。后来他回到乡里，隐居教书。

黄琬巧对

《后汉书·列传第五十一》

琬字子琰。少失父。早而辩慧。祖父琼，初为魏郡太守。建和元年正月日食，京师不见而琼以状闻。太后诏问所食多少，琼思其对①而未知所况。琬年七岁，在傍，曰："何不言日食之余，如月之初？"琼大惊，即以其言应诏，而深奇爱之。

---

① 对：回答。

译文

黄琬字子琰。年幼丧父。自幼就有口才智慧。他的祖父黄琼起初任魏郡太守。建和元年正月发生了日食,京城看不到,黄琼把日食情况上报给朝廷。太后下诏询问日被食去多少,黄琼正考虑答辞却不知道怎么说清楚。黄琬当时七岁,正在一旁,说:“为何不说日食所剩,就如新月一般?”黄琼很惊奇,立即拿这话回奏了太后,之后就极其喜爱这个小孙子。

王粲强记

《三国志·魏志二十一》

初，粲与人共行，读道边碑，人问曰："卿能暗诵乎？"曰："能。"因使背而诵之，不失一字。观人围棋，局坏，粲为覆[①]之。棋者不信，以帕盖局，使更以他局为之。用相比校，不误一道。其强记默识如此。性善算，作算术，略尽其理。善属文，举笔便成，无所改定，时人常以为宿构，然正复精意覃思[②]，亦不能加[③]也。

---

① 覆：同"复"，恢复。

② 覃思：深思。

③ 加：超越。

译文

当初，王粲和别人一起走路，读到路边的碑文，那人问他："你能默记而背诵吗？"王粲说："能。"于是那人让他转过身背诵，没有漏掉一个字。观看别人下围棋，棋局被搅乱，王粲把棋子恢复成原样。下棋的人不相信，用巾帕盖住棋局，让他用另一副棋照样摆出来。将他摆出的棋局和原来的棋局比较，没有错一个棋子。他强记默识的能力就是这么好。他生来擅长计算，做算术时，推理演算得很周密。又擅长写文章，提笔就一气呵成，没有需要修改订正的地方，当时人们常常认为他是事先构思好的，然而别人即使经过反复推敲，深思熟虑，也比不上他写得好。

华佗治病

《三国志·魏志二十九》

佗行道，见一人病咽塞，嗜食而不得下，家人车载[1]欲往就医。佗闻其呻吟，驻车往视，语之曰：“向[2]来道边有卖饼家蒜齑[3]大酢[4]，从取三升饮之，病自当去。”即如佗言，立吐蛇[5]一枚，县[6]车边，欲造佗。佗尚未还，小儿戏门前，逆见[7]，自相谓曰：“似逢我公，车边病是也。”疾者前入坐，见佗北壁县此蛇辈约以十数。

---

① 车载：用车载。
② 向：刚才。
③ 蒜齑（jī）：蒜泥。
④ 酢（cù）：同“醋”。
⑤ 蛇：一种寄生虫，类似小蛇。
⑥ 县：同“悬”。
⑦ 逆见：迎面看到。

译文

华佗在路上行进，见到一个人有咽喉梗塞的病，很想吃东西却又咽不下去，家里人用车载着他想去求医诊治。华佗听到他的呻吟声，停下车前去探视，告诉他说："我刚才来的路边有个卖饼的人家，店里有蒜泥调和的酸醋，从那里取三升喝下去，病自然会消除。"病人就照华佗说的做了，立刻吐出一条长得像蛇的寄生虫，他把它悬挂在车边，想去拜访华佗。华佗还没有回家，他的小孩子正在门前玩耍，迎面看见了，就自言自语说："这些人好像遇到了我父亲，因为车边悬挂着致病之物。"病人进了华佗家就座，看见华佗家的北墙上悬挂着几十条这样长得像蛇的寄生虫。

曹冲智救库吏

《三国志·魏志二十》

时军国多事，用刑严重。太祖马鞍在库，而为鼠所啮[①]，库吏惧必死，议欲面缚首罪[②]，犹惧不免。冲谓曰："待三日中，然后自归[③]。"冲于是以刀穿单衣，如鼠啮者，谬[④]为失意，貌有愁色。太祖问之，冲对曰："世俗以为鼠啮衣者，其主不吉。今单衣见啮，是以忧戚。"太祖曰："此妄言耳，无所苦也。"俄而库吏以啮鞍闻，太祖笑曰："儿衣在侧，尚啮，况鞍悬[⑤]柱乎？"一无所问。冲仁爱识达，皆此类也。凡应罪戮，而为冲微所辨理，赖以济宥[⑥]者，前后数十。

---

① 啮：咬。
② 首罪：自首请罪。
③ 自归：自行投案。
④ 谬：假装。
⑤ 县：同"悬"。
⑥ 宥（yòu）：宽恕。

译文

当时军事国事繁多，刑罚严酷。太祖的马鞍放在仓库里，被老鼠咬坏了。看管仓库的官吏害怕必会被处死，商议着打算反绑双手去自首认罪，但还是害怕不能免死。曹冲对他们说："等待三天，你们再自行投案。"曹冲于是用刀戳破自己的单衣，使它就像被老鼠咬了一样，假装很伤心，面带愁容。太祖问他，曹冲回答说："世俗认为老鼠啃咬了衣服，衣服的主人就会不吉利。现在我的单衣被老鼠咬了，所以感到担心忧愁。"太祖说："这是毫无根据的话罢了，不必为这苦恼。"不久看管仓库的官吏把老鼠咬坏了马鞍的事报告给太祖，太祖笑着说："我儿子的衣服放在身边，尚且被老鼠咬了，何况马鞍悬挂在柱子上呢？"没有追究任何人。曹冲心肠仁慈，通情达理，都是像这样的。应该获罪被杀，却通过曹冲委婉含蓄的申辩而获得帮助宽恕的，前后有几十个人。

诸葛恪捷辩

《三国志·吴志十九》

恪(kè)父瑾面长似驴，孙权大会群臣，使人牵一驴入，长检[①]其面，题曰诸葛子瑜。恪跪曰："乞请笔益[②]两字。"因听与笔。恪续其下曰"之驴"。举座欢笑。乃以驴赐恪。

① 检：标签。
② 益：增加。

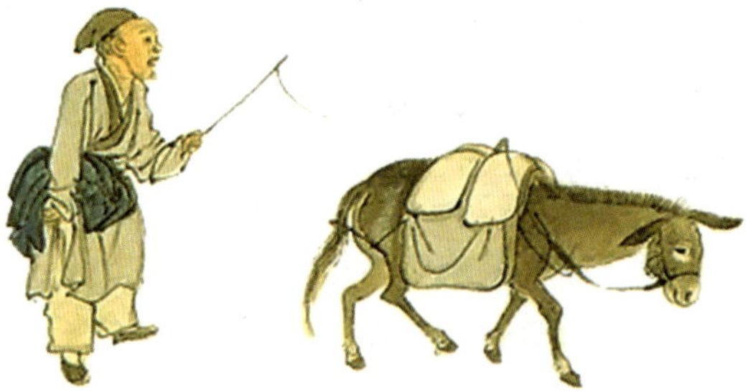

译文

诸葛恪的父亲诸葛瑾脸长像驴，孙权在一次大会群臣时，让人牵了一头驴进来，在驴脸上贴了个很长的标签，写上："诸葛子瑜"四个字。诸葛恪跪下说："恳请给我一支笔增加两个字。"孙权就答应了给他笔。诸葛恪接着在那几个字下写了"之驴"二字。在座的人都笑了。（孙权）就把驴赐给了诸葛恪。

董遇"三余"读书

《魏略》

人有从学者,遇[1]不肯教,而云:"必当先读百遍。"言:"读书百遍,其义自见[2]。"从学者云:"苦渴[3]无日。"遇言:"当以'三余'。"或[4]问"三余"之意。遇言:"冬者岁之余,夜者日之余,阴雨者时[5]之余也。"

---

① 遇:指董遇。东汉人。
② 见:同"现"。
③ 苦渴:苦于。
④ 或:有人。
⑤ 时:此指一年四季。

译文

有个想向董遇求教的人，董遇不肯教，却说："必须在这之前自己先读百遍。"意思是："读书上百遍，它的意思自然显现出来了。"求教的人说："苦于没时间。"董遇说："应当用'三余'。"有人问"三余"的意思，董遇说："冬天是一年的多余时间（可以读书），夜晚是一天的多余时间（可以读书），天阴下雨的日子是一年四季的多余时间（可以读书）。"

王羲之书六角扇

《晋书·列传第五十》

尝在蕺(jí)山见一老姥[1],持六角竹扇卖之。羲之书其扇,各为五字。姥初有愠[2]色。因谓姥曰:“但言是王右军[3]书,以求百钱邪。”姥如其言,人竞买之。他日,姥又持扇来,羲之笑而不答。

---

① 姥:老妇人。
② 愠(yùn):生气。
③ 王右军:王羲之,字右军。

译文

王羲之曾经在蕺山看见一个老妇人，拿着六角竹扇卖。王羲之在她卖的扇子上写上字，每把扇子各写了五个字。老妇人起初有些生气。于是他对老妇人说："你只要说这是王右军的字，就可以卖几百钱。"老妇人就这样对人说，人们都争着买扇子。有一天，老妇人又拿扇子来，王羲之笑着不答话。

谢道韫二三事

《晋书·列女列传第六十六》

尝内集，俄而①雪骤下，安曰：“何所似也？”安兄子朗曰：“撒盐空中差可拟。”道韫曰：“未若柳絮因风起。”安大悦。

凝之弟献之尝与宾客谈议，词理将屈，道韫遣婢白②献之曰：“欲为小郎解围。”乃施青绫步鄣自蔽，申③献之前议，客不能屈。

---

① 俄而：不久，一会儿。

② 白：说，告诉。

③ 申：申述。

及遭孙恩之难，举厝[4]自若，既闻夫及诸子已为贼所害，方命婢肩舆抽刃出门，乱兵稍至，手杀数人，乃被虏。其外孙刘涛时年数岁，贼又欲害之，道韫曰："事在王门，何关他族！必其如此，宁先见[5]杀。"恩虽毒虐，为之改容，乃不害涛。

④ 举厝（cuò）：动作行为。
⑤ 见：被。

译文

曾有一次家人聚会，一会儿大雪突然降下，谢安说："大雪纷纷像什么？"谢安哥哥的儿子谢朗说："把盐洒向空中略可比拟。"谢道韫说："不如比作柳絮随风起。"谢安听了非常高兴。

王凝之的弟弟王献之曾经和宾客谈论，快要理屈词穷了，谢道韫派婢女告诉王献之说："想替小郎解围。"就安排了青绫步障遮挡住自己，申述王献之前面的论辩，客人不能驳倒她。

当遭到孙恩之难时，谢道韫的行动一如既往，在听到丈夫和儿子们已经被反贼杀害后，才命令婢女用肩舆抬着她，抽出刀，出了家门，乱兵到来后，谢道韫亲手杀了数人，于是被抓住。她的外孙刘涛当时只有几岁，反贼又想害死他，谢道韫说："事情全在王家，和其他家族有什么关系！如果你们一定要杀，我宁愿先被你们杀掉。"孙恩虽然狠毒暴虐，也为之动容，就没有杀刘涛。

车胤囊萤夜读

《晋书·列传第五十三》

车胤（yìn）字武子，南平人也。曾祖浚，吴会稽太守。父育，郡主簿。太守王胡之名[1]知人，见胤于童幼之中，谓胤父曰："此儿当大兴卿门，可使专学。"胤恭勤不倦，博学多通。家贫不常得油，夏月则练囊盛数十萤火以照书，以夜继日焉。及长，风姿美劭[2]，机悟敏速，甚有乡曲之誉。

---

① 名：闻名。
② 美劭（shào）：俊美。

译文

车胤，字武子，南平县人。他的曾祖车浚，曾是东吴的会稽太守。父亲车育，是郡主簿。太守王胡之以知人闻名，在小孩子中看见了车胤，对他父亲说："这孩子将大大光耀你家，可以让他专心学习。"车胤恭谨勤奋，好学不倦，学问广博，知识精通。家里贫穷常常没有灯油，夏天他就用白丝袋装几十只萤火虫照明读书，夜以继日。到他长大后，风姿俊美，机智敏捷，在乡里很有美誉。

祖莹偷读

《北史·列传第三十五》

莹年八岁能诵《诗》《书》，十二为中书学[1]生，耽[2]书，父母恐其成疾[3]，禁之不能止。常密于灰中藏火，驱逐僮仆，父母寝睡之后，燃火读书，以衣被蔽塞窗户[4]，恐漏光明，为家人所觉。由是声誉甚盛，内外亲属呼为“圣小儿”。尤好属文，中书监高允每叹曰：“此子才器，非诸生所及，终当远至。”

---

① 中书学：北魏的中央教育机构。
② 耽：沉溺。
③ 成疾：生病。
④ 户：门。

译文

祖莹八岁时就能背诵《诗经》和《尚书》，十二岁当了中书学的学生，他沉溺于书籍之中，父母亲担心他生病，禁止他看书，却没能使他停止。祖莹经常悄悄把火种藏在炭灰中，赶走僮仆，等父母亲睡熟之后，再点燃火种读书，并用衣服和被子挡住门窗，生怕光线漏出去，会被家里人发现。因此祖莹的名声更大，里里外外的亲戚都称他为“圣小儿”。祖莹尤其热爱写文章，中书监的高允经常赞叹说：“这个孩子的才干，不是一般儒生所能赶得上的，将来一定会有远大的前程。”

李贺呕心沥血

《新唐书·文艺列传第一百二十八》

李贺，字长吉，系出郑王后。七岁能辞章，韩愈、皇甫湜始闻未信，过其家，使贺赋诗，援笔辄就如素构，自目曰《高轩过》，二人大惊，自是有名。为人纤瘦，通眉[①]，长指爪，能疾书。每旦日出，骑弱马，从小奚奴[②]，背古锦囊，遇所得，书投囊中。未始先立题然后为诗，如它人牵合程课者。及暮归，足成之。非大醉、吊丧日率[③]如此。过亦不甚省。母使婢探囊中，见所书多，即怒曰："是儿要呕出心乃已耳。"

---

① 通眉：两眉相通连。

② 奚奴：童仆。

③ 率：都。

译文

李贺，字长吉，是郑王的后裔。七岁就能写文作诗，韩愈、皇甫湜起初听说时并不相信，到李贺家拜访，让李贺写诗，李贺下笔成章，就像早就构思好了一样，还自加诗题叫《高轩过》，二人非常惊讶，李贺也从此出名。李贺长得纤细瘦弱，双眉相连，手指甲很长，能很快地书写。每天早晨出门，骑上弱马，带着小童仆，背着古锦囊，心中偶有所得，便写下来投入囊中。他从不先立题目然后作诗，像其他人那样勉强凑合作诗的法规程式。到了晚上回来，诗文已成。除非大醉或吊丧之日，其余日子都是如此。过后也不多查看。他母亲叫婢女到囊中搜寻，看到他写了很多，就发怒道："这孩子要呕出心来才肯歇啊！"

程门立雪（程颐/杨时）

《宋史·道学列传第一百八十七》

至是，又见程颐于洛，时盖[1]年四十矣。一日见颐，颐偶瞑坐，时与游酢[2]侍立不去[3]，颐既[4]觉，则门外雪深一尺矣。

---

① 盖：大概。
② 游酢（zuò）：北宋著名学者。
③ 去：离开。
④ 既：已经。

译文

之后，（杨时）又到洛阳拜见程颐，当时杨时大概四十岁了。有一天去见程颐，正赶上程颐坐着小睡，杨时与游酢就站在一旁等候，没有离开，等到程颐醒来时，门外的雪已经有一尺深了。

祖逖闻鸡起舞

《资治通鉴·晋纪》

初，范阳祖逖（tì），少有大志，与刘琨俱为司州主簿，同寝，中夜闻鸡鸣，蹴[①]琨觉曰："此非恶声也！"因起舞。

---

① 蹴（cù）：踢。

译文

当初，范阳人祖逖，年轻时就有宏大的志向，和刘琨共同担任司州主簿的职务，晚上睡在一起，半夜里听到鸡叫，就用脚把刘琨踢醒说："这不是不祥的声音！"于是就起床舞剑。

司马光二三事

《宋史·列传第九十五》

司马光字君实,陕州夏县人也。父池,天章阁待制。光生七岁,凛然如成人,闻讲《左氏春秋》,爱之,退为家人讲,即了其大指[①]。自是手不释书,至不知饥渴寒暑。

群儿戏于庭,一儿登瓮[②],足跌没水中,众皆弃去,光持石击瓮破之,水迸,儿得活。其后京、洛间画以为图。

仁宗宝元初,中进士甲科。年甫[③]冠[④],性不喜华靡,闻喜宴独不戴花,同列语之曰:"君赐不可违。"乃簪一枝。

---

① 指:同"旨",意思,意图。

② 瓮:水缸。

③ 甫:刚刚。

④ 冠:古代汉族男子二十岁行加冠礼,表示成年。

译文

司马光，字君实，陕州夏县人。父亲司马池，曾任天章阁待制。司马光长到七岁，气势凛然像成人一样，听到别人讲述《左氏春秋》，很喜爱，回去给家里人讲述，能说出其中大意。从此手不离书，以致不知道饥渴和冷热。

一群小孩子在庭院中游戏，一个孩子爬上水缸，失足跌入水缸中被水淹没，孩子们都丢下他逃跑了，司马光拿石头打破水缸，水流掉了，小孩得以活下来。此后京城、洛阳一带把此事绘成图画。

宋仁宗宝元初年，（司马光）考中进士甲科。年纪刚满二十岁，性情不喜华丽奢侈，在庆贺考中进士的闻喜宴上只有他不戴花，同中进士的人对他说："君主的赏赐不可违背。"才戴上一枝花。

欧阳修“三上”作文

《归田录》

钱思公[1]虽生长富贵，而少所嗜好。在西洛[2]时，尝语僚属[3]言：“平生惟好读书，坐则读经史，卧则读小说[4]，上厕则阅小辞。盖未尝顷刻释卷也。”谢希深亦言：“宋公垂[5]同在史院，每走厕必挟书以往，讽诵之声琅然，闻于远近，其笃学如此。”余因谓希深曰：“余平生所作文章，多在三上，乃马上、枕上、厕上也。盖惟此尤可以属思[6]尔。”

---

① 钱思公：钱惟演，吴越王钱俶的第二子，后随父降宋。

② 西洛：西京洛阳。

③ 僚属：官府中的下属官员。

④ 小说：古人把子书、杂记称为小说，与今之小说概念不同。

⑤ 宋公垂：宋绶，字公垂，曾在国史实录院任职。

⑥ 属思：构思。

译文

钱惟演虽然生长在富贵人家，但没有什么特别的爱好。在西京洛阳的时候，他曾经对僚属说：“我平生只爱读书，坐着的时候就读经史，躺下时就读小说，上厕所时就读小辞。大概没有一刻放下过书本。”谢希深也说：“宋公垂与我一起在史院任职时，他每次上厕所，一定要挟着书进去，诵读文章的声音远近都听得见，他就是这样专心好学。”我于是对谢希深说：“我平生所写的文章，大多是在‘三上’，即马上、枕上、厕上。大概只有这种时候特别能够集中注意力构思吧。”

陆游筑书巢

《渭南文集》

吾室之内，或栖于椟[①]，或陈[②]于前，或枕藉于床，俯仰四顾，无非书者。吾饮食起居，疾痛呻吟，悲忧愤叹，未尝不与书俱。宾客不至，妻子不觌[③]，而风雨雷雹之变，有不知也。间[④]有意欲起，而乱书围之，如积槁枝[⑤]，或至不得行，则辄自笑曰："此非吾所谓巢者耶？"乃引客就[⑥]观之，客始不能入，既[⑦]入又不能出，乃亦大笑曰："信[⑧]乎其似巢也。"

---

① 椟（dú）：木柜、木匣，这里指书橱。
② 陈：陈列。
③ 觌（dí）：相见。
④ 间：间或，偶尔，有时候。
⑤ 槁（gǎo）枝：枯树枝。
⑥ 就：走近，靠近。
⑦ 既：已经。
⑧ 信：确实。

译文

我的房屋当中，书籍有的堆在书橱上，有的陈列在前面，有的纵横交错地放在床上，抬头低头看看，四周环顾下来，没有一处不是书籍。我吃的、住的，或病痛、或悲欢，没有不和书在一起的时候。宾客不来拜访，妻子儿女也不相见，就是那风雨雷雹等（天气）变化，也不知道。偶然想要站起来，但是被乱书围住，如同堆积的枯树枝一般，有时甚至到了不能走路的地步，于是就自己笑着说："这不是我所说的巢吗？"便带客人去参观，客人起初不能走进（屋子），已经进来了，又不能出去，于是他也大笑道："你的房间确实像一个巢啊。"

王冕僧寺夜读

《王冕传》

王冕者，诸暨[1]人。七八岁时，父命牧牛陇上。窃入学舍听诸生诵书，听已，辄默记。暮归忘其牛。或牵牛来责蹊[2]田，父怒挞[3]之。已而[4]复如初。母曰："儿痴如此，曷不听其所为？"因[5]去依僧寺以居。夜潜出坐佛膝上，执策[6]映长明灯读之，琅琅达旦[7]。佛像多土偶，狞恶可怖，冕小儿，恬[8]若不见。安阳韩性[9]，闻而异之，录为弟子，学遂为通儒。

---

① 诸暨（jì）：地名。
② 蹊（xī）：踩踏。
③ 挞（tà）：鞭打。
④ 已而：不久。
⑤ 因：于是。
⑥ 执策：拿着书本。
⑦ 旦：天亮。
⑧ 恬：无动于衷的样子。
⑨ 韩性：元代学者。

译文

王冕，诸暨县人。他七八岁时，父亲要他在田埂上放牛。他偷偷溜进学堂听学生们念书，听了之后，就默默记住。晚上回来忘了牵牛。有人把牛牵来责备说踩了他的田，父亲生气地鞭打他。不久后他又回到之前那样。他母亲说："儿子读书像这样痴迷，为什么不让他去做自己喜欢做的事呢？"于是王冕离开家到寺庙居住。晚上就出来坐在佛像的膝盖上，拿着书照着佛像前长明灯的灯光诵读，一直读到天亮。佛像大多数是土做的偶像，狰狞凶恶十分可怕，王冕是小孩子，但对此却无动于衷，好像什么也没看到一样。安阳的韩性听说了，觉得他很奇异，便把他收为弟子，后来王冕经过勤奋学习成为博学多通的儒生。

张溥“七录”斋

《明史·文苑列传第一百七十六》

溥(pǔ)幼嗜学。所读书必手钞。钞已①朗诵一过,即焚之。又钞,如是者六七始已。右手握管处,指掌成茧。冬日手皲②,日沃汤③数次。后名读书之斋曰“七录”,以此也。

① 已:毕,结束。

② 皲(jūn):皮肤因寒冷或干燥而裂开。

③ 沃汤:用热水浸。

译文

张溥自幼好学。他所读的书必定要手抄下来，抄完之后朗诵一遍，就烧掉抄写稿。然后又抄，如此反复六七遍才停止。右手握笔的地方，手指和手掌磨起了茧子。冬天手被冻裂，每天在热水里浸泡好几次。后来张溥将读书的书斋命名为“七录”，就是因为这个缘故。

顾炎武手不释卷

《亭林先生神道表》

凡先生之游，以二马二骡，载书自随[①]。所至阨塞[②]，即呼老兵退卒[③]，询其曲折，或与平日所闻不合，则即[④]坊肆中发书而对勘[⑤]之。或径行平原大野，无足留意，则于鞍上默诵诸经注疏[⑥]，偶有遗忘，则即坊肆中发书而熟复之。

---

① 自随：跟着自己。

② 阨塞：险要的地方。阨，同“厄”。

③ 卒：差役。

④ 即：前往。

⑤ 对勘：核对校正。

⑥ 注疏：注解和解释注解的文字。

译文

顾炎武凡是外出旅行时，总要用两匹马、两头骡子驮着书跟着自己。到了险要的地方，就叫来年老的士兵和退休的差役询问那里的具体情况，有时（得到的情况）和平常听到的不符合，就到附近的街市客店中打开书加以核对校正。有时在平原旷野上行走，如果遇到不值得停下来考察的地方，就坐在马鞍上默默背诵古代各种经典著作的解释，偶尔碰到遗忘之处，就到近处的街市客店中打开书反复熟习。

知识补给站

古代文化常识之选官制度

察举 汉代选拔官吏制度的一种形式。察举有考察、推举的意思。又叫荐举。由侯国、州郡的地方长官在辖区内随时考察、选取人才，推荐给上级或中央，经过试用考核，再任命官职。

征辟 汉代选拔官吏制度的一种形式。征，是指皇帝征聘社会知名人士到朝廷充任要职。辟，是指中央官署的高级官僚或地方政府的官吏任用属吏，再向朝廷推荐。

明经 汉代以明经射策取士。隋炀帝置明经、进士二科，以经义取者为明经，以诗赋取者为进士。宋改以经义论策试进士，明经始废。明清时成为对贡生的尊称。

对策　古时就政事、经义等设问，由应试者对答，称为“对策”。自汉代起作为取士考试的一种形式。又作对册。

九品中正制　魏晋南北朝时选拔官吏的制度。曹魏时期推选各郡有声望者为“中正”，负责对当地士人进行考察并评定为九等（九品），再由政府按等选用，依品授官。后演变成世族地主控制政权的工具。隋文帝时被废。

科举　指历代封建王朝通过考试选拔官吏的一种制度。由于采用分科取士的方法，所以叫科举。从隋代至明清，科举制实行了1 300多年。到明朝，科举考试形成了完备的制度，共分四级：院试（即童生试）、乡试、会试和殿试。考试内

容基本是儒家经义，以“四书”文句为题，规定文章格式为八股文，解释必须以朱熹《四书集注》为准。

童生试 也叫“童试”。明代由提学官主持、清代由各省学政主持的地方科举考试，包括县试、府试和院试三个阶段，院试合格后取得生员（秀才）资格，方能进入府、州、县学学习，所以又叫入学考试。应试者不分年龄大小都称“童生”。

乡试 明清两代每三年在各省省城（包括京城）举行的一次考试。凡本省生员与贡生、监生等经科考合格后，均可参加。适逢子、卯、午、酉年为正科，因在秋八月举行，故又称秋闱（闱，考场）。遇有国家庆典，临时增加一次，叫作恩科。乡试元年叫大比之年。主考官由皇帝委派。考后发布正、副榜。正榜所取的人叫举人，第一名叫解元。

会试 明清两代每三年在京城举行的一次考试，因在春季举行，故又称春闱。考试由礼部主持，皇帝任命正、副考官，各省的举人及国子监监生皆可应考，前三百名为贡士，第一名为会元。

殿试 科举制最高级别的考试。皇帝在殿廷上，对会试录取的贡士亲自策问，以定甲第。实际上皇帝有时委派大臣主管殿试，并不亲自策问。录取分为三甲：一甲三名，赐“进士及第”的称号，第一名称状元（鼎元），第二名称榜眼，第三名称探花；二甲者若干名，赐“进士出身”的称号；三甲若干名，赐“同进士出身”的称号。二、三甲第一名皆称传胪，一、二、三甲统称进士。

及第 别称“登科”，指科举考试应试中选，特指考取进士。明清两代只用于殿试前三名，即状元、榜眼、探花才称进士及第。古时考中进士有披宫袍之礼俗。应试未中的叫落第、下第。

科甲出身 进士出身，叫两榜出身；举人出身，叫一榜出身。统称“科甲出身”。明清读书人认为这是最荣耀的做官道路，称之为正途。